Cantos del Pueblo de Dios

Segunda Edición

Songs of the People of God
Second Edition

Edición del Pueblo / People's Edition 6812

WORLD LIBRARY PUBLICATIONS
a division of J. S. Paluch Co., Inc.
3825 North Willow Road
Schiller Park, Illinois 60176 U.S.A.

Cantos del Pueblo de Dios,
Segunda Edición
Songs of the People of God, Second Edition
— Edición del Pueblo ✣ People's Edition —

Créditos/Credits

Project Manager & Editor
Peter M. Kolar

**Editorial Planning
Committee**
José T. Castillo
Thomas A. Enneking, O.S.C.
Norma Garcia
Peter M. Kolar
Mary Beth Kunde-Anderson
María Pérez-Rudisill
Pedro Rubalcava
Damaris Thillet

Spanish Translations
Fr. Pedro Rodríguez, C.M.F.

**Text and Copy
Proofreading**
Norma Garcia
Marcia Lucey

Typesetting and Layout
Denise Durand

Music Engraving
Steven R. Fiskum
Geovanni Morales

Music Proofreading
Thomas A. Enneking, O.S.C.
Norma Garcia
Deborah Guscott
Jonathan M. Weber

Art Design
Denise Durand

Cover and Interior Art
Joanne M. Tejeda

**Copyright Acquisitions
and Permissions**
Rita Larkin Cavallaro

WLP General Manager
Mary Prete

Editorial Director
Mary Beth Kunde-Anderson

Marketing Director
Fred Vipond

Production
John Ficarra
Deborah Johnston

President
William Rafferty

Publisher
Margaret A. Paluch
Mary L. Rafferty

Royalties
Jeanne M. Grzelak

Disponible también / Also available:

Acompañamiento del Teclado/*Keyboard Accompaniment*	WLP 6808
Acompañamiento de Guitarra/*Guitar Accompaniment*	WLP 6811
Grabaciones/*Recordings*	
Colección de 4 Casetes/*4-Cassette set*	WLP 6814
Colección de 4 CDs/*4-CD set*	WLP 6815

ISBN 1-58459-046-7

Book set in *Hiroshige* and *Palatino* typefaces, layout
in *Adobe PageMaker*, music engraved in *Coda Finale*.
Printed in the United States of America.

Selected Spanish psalms from the *Leccionario* ©
1970, Conferencia Episcopal Española, Madrid,
Spain. All rights reserved. Used by permission.

Spanish liturgical texts, including the Order of
Mass, Eucharistic Prayer for Masses with Children
II, and certain musical acclamations from the
Ordinario de la Misa, © 1988, Conferencia Episcopal
Española, Madrid, Spain. All rights reserved. Used
by permission.

WLP Customer Care: **800 566-6150**
Toll-free Fax: **888 957-3291**
WLP Website: **www.wlpmusic.com**

Contenido
Table of Contents

Himnos y Cantos de la Estación   Número/Number
Seasonal Hymns and Songs

Adviento/*Advent*   1
Navidad/*Christmas*   10
Epifanía/*Epiphany*   24
Cuaresma/*Lent*   29
Semana Santa/*Holy Week*   37
Pascua/*Easter*   43

Himnos y Cantos   54
Hymns and Songs

Ordinario de la Misa   109
The Order of Mass

Música para la Misa
Service Music for Mass

Misas Completas/*Mass Settings*   211
Selecciones Variadas/*Various Selections*   257

Índices
Indexes

Dueños de los Derechos de Autor/*Copyright Holders*   275
Litúrgico y por Tópicos/*Liturgical and Topical*   276
Música para la Misa/*Service Music*   277
Títulos y Primeras Líneas/*Titles and First Lines*   278

Foreword

Cantos del Pueblo de Dios, "Songs of the People of God" — the title embodies our faith and its celebration through liturgy. It names a community of members sharing their lives, experiences, culture, joys, and sorrows. It expresses our love for music and song, and our desire to use music and song to praise and give thanks to God.

World Library Publications brings you this People's Edition of *Cantos del Pueblo de Dios,* a single-volume collection of treasured music for the Hispanic church. This publication brings to completion the Second Edition of this pioneering resource. In it, you'll discover a wonderful blend of your favorite classics with some of today's best work, newly composed for the Hispanic church. There are songs for all seasons, songs for specific Sundays, and songs that can be used on many Sundays and feasts; there are songs for the Virgin Mary, songs for gathering, and songs for reconciliation; there are several different Mass settings and a wealth of service music.

In order to achieve such a broad repertoire, World Library Publications assembled prominent composers and practicing Hispanic musicians from across the country to assist in the planning of *Cantos del Pueblo de Dios.* We made sure that several different regions, cultures, practices, and musical styles were represented by individuals with grassroots experience. You'll notice Caribbean-style songs, *mariachi, norteñas, boleros,* polkas, standard hymns, and even *salsa.* But more important than so much "variety" is the knowledge and care we have taken to ensure that the songs are for the people, so whatever style you choose for a particular piece is therefore the most appropriate for you and your community.

Cantos del Pueblo de Dios is very versatile. It can be used by itself as a complete music resource for the Hispanic community or in conjunction with another worship aid, such as a missal or English hymnal. Parishes with smaller or start-up Spanish-speaking communities may wish to use it as an affordable means to draw in new members. Bilingual parishes or ones with established Spanish Masses can use *Cantos del Pueblo de Dios* as a supplement to whatever they may already have in the pew, because it offers the newest and best Hispanic and bilingual music.

Each piece of music in *Cantos del Pueblo de Dios* contains a courtesy English translation or title equivalent, and a reference number for the accompaniments. The small "G" number within parenthesis indicates the appropriate number in the Guitar Accompaniment Edition (WLP 6811), and the "K" number indicates that for the Keyboard Accompaniment Edition (WLP 6808). For learning and listening purposes, every piece in this book is also recorded on cassette (WLP 6814) and CD (WLP 6815), available for purchase through World Library Publications.

There are more than 270 musical selections contained in this volume. Whether you use them all or just a few, we hope that you find every piece to be an enhancement to your liturgy. *¡Que cante el pueblo de Dios!* May God be praised through the songs of God's people.

— The Editors

Presentación

Cantos del Pueblo de Dios — el título encarna nuestra fe y su celebración por medio de la liturgia. Es un título que representa a los miembros de una comunidad que comparte sus vidas, experiencia, cultura, gozos y penas. Expresa nuestro amor por la música y el canto, y nuestro deseo de usar la música y el canto para alabar y dar gracias a Dios.

World Library Publications le ofrece esta Edición del Pueblo de *Cantos del Pueblo de Dios,* una colección en un sólo volumen del tesoro de la música para la Iglesia Hispana. Esta publicación completa la Segunda Edición de este recurso pionero. En ella, descubrirá una maravillosa mezcla de los clásicos favoritos, a la vez que las más recientes composiciones musicales para la Iglesia Hispana. Hay cantos para todas las ocasiones, para domingos específicos, y cantos que pueden ser usados en muchos domingos y fiestas; hay cantos a la Virgen María, cantos para reuniones, y cantos de reconciliación; hay diferentes Misas completas y una gran riqueza de música para los diferentes servicios litúrgicos.

Para poder coleccionar un repertorio tan amplio, World Library Publications ha reunido a compositores prominentes y músicos Hispanos de todo el país para ayudarnos para planificar *Cantos del Pueblo de Dios.* Nos hemos asegurado que las diferentes regiones, culturas, prácticas y estilos musicales estaban representados por individuos con experiencia en la base eclesial. Notará que hay cantos con sabor caribeño, música de *mariachi, norteñas, boleros, polcas,* himnos comunes y hasta música de *salsa.* Pero más importante que la inmensa "variedad" es el conocimiento y el cuidado que hemos tenido de asegurar que los cantos son del pueblo, de modo que cualquier estilo que usted escoja para un canto especial es el más apropiado para usted y para su comunidad.

Cantos del Pueblo de Dios es muy versátil. Puede ser usado por sí mismo como un recurso musical completo para la comunidad Hispana o puede ser usado junto con otras ayudas de culto, como es un misal o un himnario inglés. Las parroquias con pequeñas comunidades o que empiezan a desarrollarse pueden, tal vez, usarlo para atraer a nuevos miembros. Las parroquias bilingües o las que ya tienen Misas en español pueden usar *Cantos del Pueblo de Dios* como suplemento de lo que ya tienen, porque ofrece la música Hispana y bilingüe más reciente.

Cada composición musical en *Cantos del Pueblo de Dios* va acompañada de una traducción o su equivalente en inglés, y una referencia al número del acompañamiento. La "G" pequeña en paréntesis indica el número del acompañamiento en la Edición de Guitarra (WLP 6811), y el número "K" (para "Keyboard") indica el del acompañamiento para la Edición del Teclado (WLP 6808). Además, para ayudarle en aprender la música, todos los cantos del libro están grabados en Cassette (WLP 6814) y en CD (WLP 6815), en venta a través de World Library Publications.

Hay más de 750 selecciones musicales en este volumen. Ya sea que usted las use todas o solamente unas cuantas, esperamos que cada canto le ayude a mejorar su liturgia. *¡Que cante el Pueblo de Dios, y que el Señor sea alabado — gracias a los cantos de su pueblo!*

— Los Editores

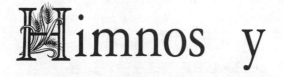Himnos y Cantos

de la

Estación

Seasonal
Hymns and Songs

1 Ábranse los Cielos

1. Á-bran-se los cie-los, llue-van al Me-sí-as
2. Oh Sol del O-rien-te, cla-ro más que el dí-a;
3. Un yer-mo es la tie-rra, zar-zas só-lo bro-tan.

1. que es nues-tro con-sue-lo, nues-tro Re-den-tor.
2. la no-che som-brí-a ce-da al res-plan-dor.
3. El vi-vir es gue-rra de la hu-ma-ni-dad.

1. Cla-man los co-lla-dos: "Ven ya, Sal-va-dor;"
2. Hu-yan las ti-nie-blas de muer-te y ho-rror;
3. Bro-ten ya las flo-res en nues-tra he-re-dad;

1. los se-dien-tos pra-dos: "Lle-ga, Re-den-tor,"
2. a fun-dir las nie-blas ven-ga tu ful-gor;
3. ce-dan los ri-go-res de la ad-ver-si-dad,

1. y el e-rial sin rí-o pi-de ya el ro-cí-o.
2. que el de-sier-to es lar-go y el des-tie-rro a-mar-go.
3. y la tie-rra rí-a vien-do el nue-vo dí-a.

1. Á-bran-se los cie-los, llue-van al Me-sí-as
2. Oh Sol del O-rien-te, cla-ro más que el dí-a;
3. Un yer-mo es la tie-rra, zar-zas só-lo bro-tan.

1. que es nues-tro con-sue-lo, nues-tro Re-den-tor.
2. la no-che som-brí-a ce-da al res-plan-dor.
3. El vi-vir es gue-rra de la hu-ma-ni-dad.

Is 45:8

Tradicional

Adviento / Advent

ESTRIBILLO

¡Ma - ra - na— tha! ¡Ven, Se - ñor Je - sús!

ESTROFA 1

1. Yo soy la ra - íz y el Hi - jo de Da - vid, la es-

Al Estribillo

1. tre - lla ra - dian - te de la ma - ña - na.

ESTROFA 2

2. El Es - pí - ri - tu y la Es - po - sa di - cen: ¡Ven, Se - ñor!—

Al Estribillo

2. Quien lo oi - ga di - ga: ¡Ven, Se - ñor!—

ESTROFA 3

3. Quien ten - ga sed que ven - ga,— quien lo de -

Al Estribillo

3. se - e que to - me el don del a - gua de la vi - da.

ESTROFA 4

4. Sí, yo ven - go pron - to. ¡A -

Al Estribillo

4. - mén! ¡Ven,— Se - ñor Je - sús!

Estrib.: 1 Cor 16:22
Estrofas: Ap 22:16–17, 20
Lucien Deiss
Tr. al esp. por María Pilar de la Figuera

Lucien Deiss
Texto y música © 1964, WLP

Adviento / Advent

3 ¡Oh Ven! ¡Oh Ven, Emanuel!

VENI EMMANUEL 88 88 88

O Come, O Come, Emmanuel
(G3 • K73)

1. ¡Oh ven! ¡oh ven,___ E - ma - nuel!
2. ¡Oh ven, tú, Va - ra de I - sa - í!
3. ¡Oh ven, tú, Au - ro - ra ce - les - tial!
4. ¡Oh ven, tú, Lla - ve de___ Da - vid!

1. Li - bra al cau - ti - vo Is - ra - el,
2. Re - dí - me al pue - blo in - fe - liz
3. A - lúm - bra - nos con tu___ ver - dad;
4. A - bre el ce - les - te ho - gar___ fe - liz;

1. Que su - fre des - te - rra - do a - quí,
2. Del po - de - rí - o in - fer - nal,
3. Di - si - pa to - da os - cu - ri - dad,
4. Haz que lle - gue - mos bien___ a - llá,

1. Y es - pe - ra al Hi - jo de___ Da - vid.
2. Y da - nos vi - da ce - les - tial.
3. Y da - nos dí - as de___ so - laz.
4. Y cie - rra el pa - so a la___ mal - dad.

¡A - lé - gra - te, oh Is - ra - el!

¡Ven - drá, ya vie - ne E - ma - nuel!

Antífonas "O", latín, siglo IX
Tr. al esp. anón.

Canto gregoriano, Modo I, siglo XV

Adviento / Advent

ESTROFAS

1. El Dios de paz, el Ver - bo e - ter - no, en nues - tras
2. Vie - ne a en - se - ñar - nos el sen - de - ro, vie - ne a tra -
3. Por u - na sen - da os - cu - re - ci - da va - mos en
4. Bri - lla en la no - che nue - va Au - ro - ra, Sol de jus -
5. Nues - tro Se - ñor ven - drá un dí - a, lle - no de

1. al - mas va a mo - rar. Él es la Luz, Ca -
2. er - nos el per - dón. Vie - ne a mo - rir en
3. bus - ca de la luz. Luz y a - le - grí - a
4. ti - cia, Sol de paz. To - da la hu - ma - ni -
5. gra - cia y ma - jes - tad, pa - ra lle - var al

1. mi - no y Vi - da, gra - cia y per - dón pa - ra el mor - tal.
2. un ma - de - ro, pre - cio de nues - tra___ re - den - ción.
3. sin me - di - da en - con - tra - re - mos___ en Je - sús.
4. dad a - ño - ra al que la vie - ne___ a sal - var.
5. pue - blo su - yo ha - cia su rei - no___ ce - les - tial.

ESTRIBILLO

Ven,___ Sal - va - dor, ven___ sin tar - dar;

tu pue - blo san - to es - pe - ran - do es - tá.

Anón.
Adapt. por la Comisión del *Albricias*

Melodía hebrea

Adviento / Advent

5 Ven, Salvador

Come, O Savior
(G5 • K76)

ESTRIBILLO

Todos

Cie - los llo - ved vues - tra jus - ti - cia; á - bre- te,

tie - rra, haz ger - mi - nar al Sal - va - dor.

ESTROFAS

Cantor/Coro

1. Oh Se - ñor,____ Pas - tor de la casa de Isra -
2. Oh Sa - bi - du - rí - a sa - lida de la boca del
3. Hi - jo de Da - vid, es - tan - darte de los pueblos y los
4. Lla - ve de Da - vid____ y Cetro de la casa de Isra -
5. ____ Oh Sol na - cien - te, Es - plen - dor de la luz e -
6. Rey de las na - cio - nes y Piedra angu - lar de la I -
7. ____ Oh E - ma - nuel, nues - tro Rey, Salva - dor de las na -

1. el,____ que con - du - ces a tu pue - blo.
2. Pa - dre, a - nun - cia - da por pro - fe - tas.
3. re - yes, a quien cla - ma el mun - do en - te - ro.
4. el,____ tú que rei - nas so - bre el mun - do.
5. ter - na ____ y Sol____ de Jus - ti - cia.
6. gle - sia, tú que u - nes a los pue - blos.
7. cio - nes, es - pe - ran - za de los pue - blos.

┌──3──┐

1. Ven a res - ca - tar - nos por el po - der de tu bra - zo.
2. Ven a en - se - ñar - nos el camino de la sal - va - ción.____
3. Ven a li - ber - tar - nos, Señor; no tar - des ya.____
4. Ven a li - ber - tar____ a los que en ti - nie - blas te es - pe - ran.
5. Ven a i - lu - mi - nar____ a los que yacen en som - bras de muer - te.
6. Ven a li - ber - tar____ a los hombres que has cre - a - do.
7. Ven a li - ber - tar - nos, Señor; no tar - des ya.____

Todos   *Al Estribillo*

1.-7. Ven pron - to, Se - ñor; ven, Sal - va - dor.

Antífonas "O", latín, siglo IX; Mt 1:21
Lucien Deiss
Tr. al esp. por María de la Figuera

Lucien Deiss
Texto y música © 1964, WLP

Adviento / Advent

ESTRIBILLO

Todos

Ven, Se-ñor, a sal-var-nos,— ven a dar li-ber-tad.

A-bre, Se-ñor, nues-tros o-jos,— trae luz a la os-cu-ri-dad.

ESTROFAS

♪=♪

Cantor/Todos*

1. E - res la luz— del mun - do que i - lu -
2. E - res el Ver - bo en - car - na - do que— ha -
3. E - res pro - me - sa de a - que - llos que a - nun -

1. mi - na el ca - mi - nar. Més - tra - nos el ca -
2. bi - ta en - tre— no - so - tros. En - sé - ña - nos la ver -
3. cia - ron tu— ve - ni - da. Guí - a - nos a tu

♪=♪

Segunda vez al Estribillo

1. mi - no por el de - sier - to ha - cia— la paz.
2. dad en el— a - mor pa - ra— sal - var - nos.
3. rei - no, y— sos - ten - nos con— tu vi - da.

Pedro Rubalcava
Texto y música © 1994, WLP

*Para cada estrofa: primera vez por el cantor sólo; se repite con todos.
For each verse: first time by solo cantor; all repeat

7 Para Pedir Posadas

Fuera:
1. En___ nom - bre___ del cie - lo
2. Ve - ni - mos___ ren - di - dos
3. Po - sa - da___ te pi - do,
4. Mi___ es - po - sa es Ma - rí - a,

Dentro:
1. A - quí no es me - són.___
2. No___ me im - por - ta el nom - bre,
3. Pues___ si es u - na Rei - na
4. ¿E - res tú___ Jo - sé?___

Fuera:
1. Os___ pi - do___ po - sa - da.
2. Des - de Na - za - ret.___
3. A - ma - do___ ca - se - ro,
4. Es___ la Rei - na del Cie - lo,

Dentro:
1. Si - gan a - de - lan - te.
2. Dé - jen - me___ dor - mir,___
3. Quien la so - li - ci - ta,
4. ¿Tu___ es - po - sa es Ma - rí - a?

Fuera:
1. Pues___ no pue - de an - dar___ Mi___ es -
2. Yo___ soy car - pin - te - ro De___ nom -
3. Por___ só - lo u - na no - che La___ Rei -
4. Y___ ma - dre va a ser___ Del___ Di -

Dentro:
1. Pues___ no pue - do a - brir.___ No___ se -
2. Pues___ que yo les di - go Que___ no
3. ¿Có - mo es que de no - che An - da
4. En - tren, Pe - re - gri - nos; No___ los

Fuera:
1. po - sa a - ma - da.
2. bre Jo - sé.___
3. na___ del Cie - lo.
4. vi - no Ver - bo.

Dentro:
1. a al - gún tu - nan - te.
2. he - mos de a - brir.___
3. tan___ so - li - ta?
4. co - no - cí - a.

Enter, Weary Travelers
Entren, Santos Peregrinos

En-tren, San-tos Pe - re - gri - nos, Pe - re - gri - nos; re - ci-
ban es - ta man - sión. Aun-que_es po - bre la mo - ra - da,
la mo - ra - da, se la doy de co - ra - zón.

Tradicional

Si la comunidad sabe una versión diferente, puede cantarla.
If the community knows a different version, they may sing it.

We Wait for You, O Lord
(G8 • K270)

Te Esperamos, Oh Señor 8

1. Te_es - pe - ra - mos, oh Se - ñor;   a - pre - su - ra tu ve-
2. Los mon - tes se_a - ba - ja - rán   y_a - bri - re - mos el ca-
3. E - res tú la sal - va - ción   y_el con - sue - lo de tu
4. A to - dos, en el Jor - dán,   Juan pro - cla - ma la gran-
5. Es - ta - re - mos con Je - sús   y_es - ta - re - mos con Ma-

1. ni - da. El a - mor, jus - ti - cia_y paz lle - guen pron - to_a nues - tra
2. mi - no por don - de Dios lle - ga - rá al co - ra - zón de sus
3. pue - blo. Tú, Se - ñor, nos lle - va - rás a la glo - ria de tu
4. de - za del Me - sí - as re - den - tor y pi - de que se con-
5. rí - a. El Es - pí - ri - tu de Dios nos re - nue - va_y san - ti-

1. vi - da, lle - guen pron - to_a nues - tra vi - da.
2. hi - jos al co - ra - zón de sus hi - jos.
3. Rei - no, a la glo - ria de tu Rei - no.
4. vier - tan, y pi - de que se con - vier - tan.
5. fi - ca, nos re - nue - va_y san - ti - fi - ca.

José Soler
Texto y música © 1996, José Soler y Editorial Claret
Agente único en EE.UU.: WLP

Adviento y Navidad / Advent & Christmas

9 Alegría, Alegría, Alegría

Joy and Happiness
(G9 • K78)

ESTROFAS

1. Ha - cia Be - lén— se en - ca - mi - nan— Ma - ría
2. En cuan - to a Be - lén lle - ga - ron— po - sa -
3. Los pa - ja - ri - llos del bos - que,— al ver

1. con su a - man - te es - po - so,— Lle - van - do en su— com - pa -
2. da al pun - to pi - die - ron,— Na - die los qui - so hos - pe -
3. pa - sar— los es - po - sos,— Les can - ta - ban— me - lo -

1. ñí - a— a to - do un Dios— po - de - ro - so.—
2. dar— por - que tan po - bres los vie - ron.—
3. dí - as— con sus tri - nos— ar - mo - nio - sos.—

ESTRIBILLO

A - le - grí - a, a - le - grí - a, a - le - grí - a,— A - le -

grí - a, a - le - grí - a y pla - cer,— Que la

1.
Vir - gen— va de pa - so— con su es - po - so ha - cia Be -

2.
lén.— po - so ha - cia Be - lén.—

Tradicional

Silent Night
(G10 • K80)

Noche de Paz 10

STILLE NACHT   Irregular

1. No - che de paz, no - che de a - mor, To - do duer - me en
2. No - che de paz, no - che de a - mor, To - do duer - me en
3. No - che de paz, no - che de a - mor, Ved qué be - llo
4. No - che de paz, no - che de a - mor, O - ye hu - mil - de el
5. No - che de paz, no - che de a - mor, Al Di - vi - no

1. de - rre - dor. Só - lo ve - lan mi - ran - do la faz
2. de - rre - dor. En - tre los as - tros que es - par - cen su luz
3. res - plan - dor, Lu - ce en el ros - tro del Ni - ño Je - sús,
4. fiel pas - tor Co - ros ce - les - tes que a - nun - cian sa - lud,
5. Sal - va - dor Que por no - so - tros na - ció en un por - tal

1. De___ su ni - ño en an - gé - li - ca paz, Jo - sé y Ma -
2. Be - lla a - nun - cian - do al Ni - ñi - to Je - sús, Bri - lla la es -
3. En el pe - se - bre del mun - do la luz, As - tro de e -
4. Gra - cias y glo - rias en gran ple - ni - tud, Por nues - tro
5. Him - nos can - te - mos de a - mor ce - les - tial. ¡Glo - ria por

1. rí - a en Be - lén,___ Jo - sé y Ma - rí - a en Be - lén.
2. tre - lla de paz,___ Bri - lla la es - tre - lla de paz.
3. ter - no ful - gor,___ As - tro de e - ter - no ful - gor.
4. buen Re - den - tor,___ Por nues - tro buen Re - den - tor.
5. siem - pre al Se - ñor!___ ¡Glo - ria por siem - pre al Se - ñor!

Tradicional

Franz Gruber, 1787–1863

Navidad / Christmas

11 Nunca Suenan las Campanas

The Bells Never Ring Out
(G11 • K81)

1. Nun-ca sue-nan las cam-pa-nas con tan dul-ce cla-ri-
2. Es la voz de las cam-pa-nas, e-co de_an-gé-li-co
3. En to-das par-tes se o-ye su dul-ce_y cla-ro so-

1. dad, co-mo can-tan-do las glo-rias
2. son; es el a-nun-cio fes-ti-vo
3. nar; en las mon-ta-ñas y va-lles

1. de la_her-mo-sa Na-vi-dad.
2. de glo-ria_y de re-den-ción.
3. y_en las o-ri-llas del mar.

Es por-que can-tan la

no-che fe-liz, es por-que can-tan la no-che sin par,

en que Dios Ni-ño_ha na-ci-do y_en el mun-do_ha de rei-nar.

Tradicional

Villancico alemán

12 Gloria In Excelsis Deo

Glory to God in the Highest
(G12 • K242)

ESTRIBILLO

Glo-ri-a, glo-ri-a, in ex-cel-sis De-o!

Glo-ri-a, glo-ri-a, al-le-lu-ia, al-le-lu-ia!

Jacques Berthier, 1923–1994
Música © 1979, 1988, Les Presses de Taizé
Agente único en EE.UU.: GIA

Se canta en canon; los números indican la entrada de cada voz.
This piece is sung in canon; the numbers indicate the entrance of each voice.

Navidad / Christmas

1. Pas - to - res, a Be - lén____ va - mos con a - le -
2. Oh Ni - ño Ce - les - tial,____ ben - di - ce_a los__ pas -

1. grí - a que ha na - ci - do ya____ el Hi - jo de__ Ma - rí - a.
2. to - res que co - rren al por - tal____ can - tan-do tus__ lo - o - res.

1. A - llí, a - llí, nos es - pe - ra Je - sús.
2. Co - rred, vo - lad, sus glo - rias al - can - zad.

1. Lle - ve - mos, pues, tu - rro - nes y miel pa -
2. O - fre - ce_a mil a - mor y vir - tud, tra -

| 1. |
| 2. |

1. ra_o - fre - cer al Ni - ño Ma - nuel. Ni - ño Ma - nuel.
2. ed, za - gal, al Ni - ño Je - sús. Ni - ño Je - sús.

Va - mos, va - mos, va - mos a ver; va - mos a ver al

re - cién na - ci - do; va - mos a ver al Ni - ño Ma - nuel.

Tradicional

14 Vamos, Pastores, Vamos

Let Us Go, Shepherds, Let Us Go
(G14 • K87)

ESTRIBILLO

Va - mos, pas - to - res, va - mos; va - mos — a Be - lén,

a ver en a - quel Ni - ño la glo - ria del E - dén,

a ver en a - quel Ni - ño la glo - ria del E - dén;

a ver en a - quel Ni - ño la glo - ria del E - dén, la

glo - ria del E - dén, la glo - ria del E - dén.

ESTROFAS

1. E - se pre - cio - so Ni - ño,___ yo me mue - ro por
2. Un es - ta - blo es su cu - na,___ su ca - sa es un por -
3. Es tan lin - do el Ni - ñi - to,___ que nun - ca po - drá
4. Yo, po - bre pas - tor - ci - to,___ al Ni - ño le di -

1. él; sus o - ji - tos me en - can - tan,___
2. tal, y so - bre du - ras pa - jas,___
3. ser que su be - lle - za co - pien___
4. ré no la bue - na ven - tu - ra,___

1. su bo - qui - ta tam - bién. El pa - dre le a - ca -
2. por nues - tro a - mor es - tá. A - llí duer - me el Ni -
3. el lá - piz y el pin - cel; pues el e - ter - no
4. que e - so no pue - de ser; le di - ré me per -

Navidad / Christmas

1. ri - cia,_____ la ma-dre mi - ra en él;
2. ñi - to,_____ jun - to a un mu-lo y a un buey;
3. Pa - dre_____ con su in-men - so_____ po - der
4. do - ne_____ lo mu-cho que_____ pe - qué,

1. y los dos ex - ta - sia - dos_____ con - tem-plan a - quel
2. y bien co - bi - ja - di - to_____ con un blan-co pa -
3. hi - zo que el Hi - jo fue - ra_____ her - mo - so co - mo
4. y en la man-sión e - ter - na_____ un cam-pi - to me

Al Estribillo

1. ser, con - tem - plan a - quel ser.
2. ñal, con un blan - co pa - ñal.
3. él, her - mo - so co - mo él.
4. dé, un cam - pi - to me dé.

E. Ciria

Let Us All Go to Bethlehem
(G15 • K88)

Vamos Todos a Belén 15
OH JESUS, OH BUEN PASTOR 76 75 65 65

ESTRIBILLO

Va - mos to - dos a Be - lén con a - mor y go - zo;

a - do - re - mos al Se - ñor, nues - tro Re - den - tor.

ESTROFAS

1. De - rra - ma u - na es - tre - lla di - vi - no dul - zor,
2. La no - che fue dí - a; un án - gel ba - jó,
3. Fe - li - ces pas - to - res la di - cha triun - fó,
4. Fe - li - ces sus - pi - ros mi pe - cho da - rá,

Al Estribillo

1. her - mo - sa don - ce - lla nos da al Sal - va - dor._____
2. na - dan-do en - tre lu - ces, que a - sí nos ha - bló._____
3. el cie - lo se ras - ga, la vi - da na - ció._____
4. y ar - dien - te mi len - gua tu a - mor can - ta - rá._____

Tradicional

Navidad / Christmas

16 Oh, Pueblecito de Belén

ST. LOUIS 86 86 76 86

O Little Town of Bethlehem
(G16 • K82)

1. Oh, pue-ble-ci-to de Be-lén, a-for-tu-na-do tú,
2. A-llá do el Re-den-tor na-ció, los án-ge-les es-tán
3. ¡Cuán si-len-cio-so a-llí ba-jó pre-cia-do y pu-ro don!
4. ¡Oh San-to Ni-ño de Be-lén! Des-cien-de— con tu a-mor

1. Pues en tus cam-pos bri-lla hoy la per-du-ra-ble luz.
2. Ve-lan-do to-dos con a-mor al ni-ño— sin i-gual.
3. A-sí tam-bién a-quí da-rá, sus ben-di-cio-nes, Dios.
4. Ye-chan-do fue-ra to-do mal, na-ce en no-so-tros hoy.

1. El Hi-jo, el De-sea-do con san-ta ex-pec-ta-ción,
2. ¡Es-tre-llas muy bri-llan-tes, a Dios la glo-ria dad,
3. Nin-gún o-í-do a-ca-so per-ci-ba su ve-nir,
4. An-gé-li-cas cria-tu-ras le a-nun-cian al na-cer;

1. Por to-da gen-te y to-da e-dad en ti, Be-lén, na-ció.
2. Pues hoy el cie-lo nos mos-tró su bue-na vo-lun-tad!
3. Mas el de hu-mil-de co-ra-zón le ha-brá de re-ci-bir.
4. Ven con no-so-tros a mo-rar, Je-sús, E-ma-nuel.

Phillips Brooks, 1835–1893
Tr. al esp. por T. M. Westrup, alt.

Lewis H. Redner, 1831–1908

17 Vamos, Pastorcillos

Let Us Go, Little Shepherds
(G17 • K86)

ESTRIBILLO

Va-mos, pas-tor-ci-llos, va-mos a Be-lén,

que el Ni-ño ha na-ci-do pa-ra nues-tro bien,

que el Ni-ño ha na-ci-do pa-ra nues-tro bien.

Navidad / Christmas

ESTROFAS

1. Dé - mo - nos pri - sa pron - tos a mar - char,
2. Que Dios ha na - ci - do, lo va - mos a ver;
3. En - vuel - to en pa - ña - les y en po - bre lu - gar,
4. Con ce - les - tes vo - ces he oí - do en - to - nar:
5. Es - ta fe - liz nue - va de - be - mos hon - rar,
6. Oh, mi Ni - ño her - mo - so, oh Dios in - mor - tal,
7. En - tre a - ques - tas pa - jas y en po - bre por - tal,

Al Estribillo

1. pres - tos y con brí - os el pa - so a - lar - gad.
2. he - mos de a - do - rar - le y dar - le el pa - ra - bién.
3. se - gún di - jo el án - gel, lo he - mos de en - con - trar.
4. "Glo - ria en las al - tu - ras, y a los hom - bres paz."
5. y lle - nos de go - zo a Dios a - do - rar.
6. has na - ci - do hu - mil - de en es - te por - tal.
7. que - dan mis a - mo - res, oh Dios in - mor - tal.

Tradicional

Joy to the World
(G18 • K85)

Paz en la Tierra 18

ANTIOCH CM con Repetición

1. Paz en la tie - rra, Paz y a - mor, que ya ha na - ci - do el Rey.
2. Fe - li - ci - dad, fe - li - ci - dad, ya rei - na el nue - vo Rey,

1. Can - te - mos con el co - ro en las___ al - tu - ras;
2. y dul - ces___ vo - ces le glo - ri - fi - can,

1. A - do - re - mos al nue - vo Rey, a - do - re - mos al nue - vo Rey,
2. A - la - be - mos al nue - vo Rey, a - la - be - mos al nue - vo Rey,

1. a - do - re - mos al nue - vo Rey, al san - to Rey.
2. a - la - be - mos al nue - vo Rey, al san - to Rey.

Tradicional

George F. Handel, 1685–1759
Collection of Tunes de Thomas Hawkes, 1833

Navidad / Christmas

ESTRIBILLO

Pas - tor - ci - tos del mon - te, ve - nid. Pas - tor - ci - tos del va - lle, lle - gad.

(Final)

Y a e - se Ni - ño que es - tá en e - sas pa - jas a - do - rad, a - do - rad, a - do - rad.

ESTROFAS

1. Aun - que na - ce chi - qui - ti - to, en tan hu - mil - de por - tal,
2. Sus o - ji - tos son lu - ce - ros y sus la - bios de co - ral,
3. Ni - ño Je - sús de mi vi - da, yo te doy mi co - ra - zón,
4. A las do - ce de la no - che que más fe - liz no se vio,
5. Ve - nid a Be - lén, pas - to - res, y en - tre la mu - la y el buey,
6. Tie - ne por tro - no un pe - se - bre, lle - va por ce - tro la cruz
7. U - na es - tre - lli - ta del cie - lo a - pa - re - ció en el por - tal:

1. Su Ma - dre es la Vir - gen pu - ra,
2. Su cue - llo de pla - ta pu - ra,
3. Y en re - tor - no yo te pi - do
4. Na - ció de u - na Ma - dre Vir - gen
5. En - vuel - to en po - bres pa - ña - les
6. Y pa - ra sal - var al mun - do
7. Es el Ni - ño Dios que vie - ne

1. *2. Al Estribillo*

1. su Pa - dre el Dios ce - les - tial. tial.
2. su bo - qui - ta di - vi - nal. nal.
3. que me des tu ben - di - ción. ción.
4. nues - tro Dios y Re - den - tor. tor.
5. ha - lla - réis a vues - tro Rey. Rey.
6. tra - jo el nom - bre de Je - sús. sús.
7. a tra - er al mun - do paz. paz.

Tradicional

1. Hoy a la tie-rra el cie - lo en-ví - a U - na ca-
2. Vie - ne a-nun-cian - do el na - ci - mien - to De nues-tro a-
3. U - nos pas - to - res que ve - la - ban En las pra-
4. ¡Glo - ria! De - cí - an con voz sua - ve, ¡Glo - ria a Je-
5. Pas - to - res, no os lle - néis de es-pan - to; U - na fe-
6. Ve - nid a ver - lo pre - su - ro - sos, Ve - nid a

1. pi - lla an - ge - li - cal, Tra - yén - do - nos paz
2. ma - ble Re - den - tor; Col - ma-dos de a - gra -
3. de - ras de Be - lén, Vie - ron que - ru - bes
4. sús, el Rey de a - mor! ¡Paz en la tie - rra a a -
5. liz no - ti - cia os doy; Nues - tro Jeho-vá, que os
6. dar - le el pa - ra - bién; Y con a - cen - tos

1. y a - le - grí - a, Can - tan-do el him - no tri - un - fal;
2. de - ci - mien - to, Di - ga-mos to - dos con fer - vor:
3. que en - to - na - ban Can - ta-res pa - ra nues - tro bien.
4. quel que sa - be Ser - vir a Dios con san - to ar - dor!
5. a - ma tan - to, Es vues-tro Re - den - tor des-de hoy.
6. a - mo - ro - sos, Can - tad en su ho - nor tam - bién·

¡Glo - ri - a

in ex - cel - sis De - o!   De - o!

Tradicional   Melodía francesa

21 La Virgen y San José

The Virgin Mary and Saint Joseph
(G21 • K245)

ESTRIBILLO

La Vir-gen y San Jo-sé juntos pa-sa-ron el rí - o,

u - na cu - na de flo - res lle-van al Ni-ño Je - sús.

ESTROFAS

1. Las es-tre - llas del cie - lo for-man un blan-co tul,
2. Y los bu - hos del bos - que ve - lan con su mi - rar,
3. La be-lle - za del res-plan-dor mues-tra su gran a - mor,

Al Estribillo

1. y la lu - na bri- lla su luz pa-ra el Ni - ño Je - sús.
2. y las bes - tias del cam - po no ce-san de vi-gi - lar.
3. y los co - ros del cie - lo can-tan sin re-po- sar.

Lorenzo Florián
Texto y música © 1993, WLP

22 Los Peces en el Río

The Fish in the River
(G22 • K248)

ESTROFAS

1. La Vir-gen la - va pa - ña - les y los tien-
2. La Vir-gen lle - va u-na ro - sa en su di -
3. La Vir-gen va ca - mi-nan - do, va ca-mi -

1. de en el ro - me - ro, los an-ge-li - tos can-
2. vi - na pe - che - ra, que se la dio San Jo -
3. nan - do so - li - ta, y no lle - va más com-

1. tan - do y el ro-me-ro flo - re-cien - do.
2. sé el dí - a de No-che-bue - na.
3. pa - ña que el ni-ño de la ma-ni - ta.

Navidad / Christmas

ESTRIBILLO

Pe-ro mi-ra có-mo be-ben los pe-ces en el rí-o, pe-ro

mi-ra có-mo be-ben por ver a Dios na-ci-do.

Be-ben y be-ben y vuel-ven a be-ber los__

pe-ces en el rí-o por ver a Dios na-cer.

Tradicional

Rejoice, Heavens and Earth
(G23 • K208)

Alégrense, Cielos y Tierra **23**

ESTRIBILLO

A - lé-gren-se, cie-los y tie-rra a - lé-gren-se, ma-res y cam-pos,

sal-tad a-le-gres; can-tad go-zo-sos por-que_ha ve-ni-do_el Se-ñor.

ESTROFAS

1. Cantad al Señor un cán - ti - co nue - vo;
2. Cantad al Señor y bende - cid su nom - bre;
3. Pregonad su gloria_entre las na - cio - nes
4. Porque_el Señor es digno de_a - la - ban - za,

Al Estribillo

1. cantad al Señor toda la tie - rra.
2. anunciad su salvación día tras dí - a.
3. y sus maravillas entre los pue - blos.
4. la gloria y la majestad le pre - ce - den.

Sal 96

Jaime M. Lara
Texto y música © 1979, The Benedictine Foundation of the State of Vermont

Navidad / Christmas

24 Ya Viene la Vieja

The Old Woman Comes
(G24 • K91)

1. Ya vie-ne la vie-ja__ con el a-gui-nal-do,__
2. Ya vie-nen los Re-yes__ por los a-re-na-les;__
3. O - ro trae Mel - chor,__ in - cien-so Gas - par,__

1. le pa-re - ce mu-cho,__ le vie-ne qui-o
2. ya le traen al Ni - ño__ muy ri-cos pa -
3. yo - lo-ro - sa mi - rra__ tra - e Bal-ta -

1.*
1. tan-do;__
2. ña - les;__
3. sar;__

2.
tan-do.)
ña - les. } Pam-pa - ni-tos ver-des, ho-jas de li -
sar.__)

1.–3. món, la Vir-gen Ma - rí - a, Ma-dre del Se - ñor.

Tradicional

*La primera conclusión es opcional; se puede proceder a la segunda conclusión.
The first ending is optional; proceed directly to the second ending.

25 Los Magos Que Llegaron a Belén

The Magi Who Came to Bethlehem
(G25 • K247)

ESTRIBILLO/REFRAIN

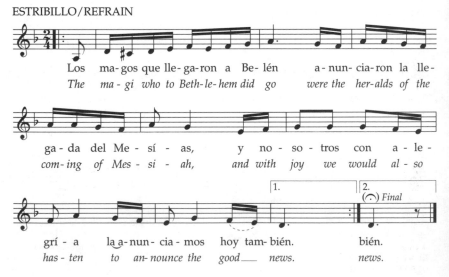

Los ma-gos que lle-ga-ron a Be-lén a-nun-cia-ron la lle-
The ma - gi who to Beth-le-hem did go were the her-alds of the

ga - da del Me - sí - as, y no - so - tros con a - le-
com - ing of Mes - si - ah, and with joy we would al - so

1.
grí - a la a-nun - cia - mos hoy tam-bién.
has - ten to an- nounce the good__ news.

2.
(⌢) Final
bién.
news.

Epifanía / Epiphany

1. De tie - rra le - ja - na ve - ni - mos a ver - te,___
2. Al re - cién na - ci - do que es Rey de los re - yes,___
3. Co - mo es Dios el ni - ño le re - ga - lo in - cien - so,___
4. Al ni - ño del cie - lo que ba - ja a la tie - rra,___

1. *From a dis - tant land we come with hum - ble greet - ing,___*
2. *To the new - born child, who has no earth - ly treas - ure,___*
3. *To the child of God rich in - cense I am bring - ing,___*
4. *To the child who came to bring us heav - en's glad - ness,___*

1. nos sir - ve de guí - a la es - tre - lla de o - rien - te.___
2. o - ro le re - ga - lo pa - ra hon - rar sus sie - nes.___
3. per - fu - me con a - las que su - be has - ta el cie - lo.___
4. le re - ga - lo mi - rra que ins - pi - ra tris - te - za.___

1. *where the east - ern star our car - a - van is lead - ing.___*
2. *I have come with gold to bring de - light and pleas - ure.___*
3. *with a - ro - ma sweet that heav - en - ward is wing - ing.___*
4. *I have come with myrrh, a sign of com - ing sad - ness.___*

1.–4. Oh bri - llan - te es - tre - lla que a - nun - cias la au - ro - ra,___

1.–4. *Ev - er - shin - ing star, God's bril - liant dawn re - veal - ing,___*

1.–4. no nos fal - te nun - ca tu luz bien - he - cho - ra.___ Glo - ria en las al -

1.–4. *ev - er guide our way, God's pres - ence still as - sur - ing.___ Glo - ry be to*

1.–4. tu - ras al Hi - jo de Dios;___ glo - ria en las al - tu - ras

1.–4. *God, who sent the child of heav - en,___ glo - ry be to God, and*

| 1.–3. | *A las Estrofas 2–4* | 4. | *Al Estribillo* |
| | *To Verses 2–4* | | *To Refrain* |

1.–4. y en la tie - rra a - mor.___ y en la tie - rra a - mor.

1.–4. *peace to all on earth.___ peace to all on earth.*

Manuel F. Juncas
Tr. al ing. por Carolyn Jennings
Tr. al ing. © 1993, Pilgrim Press

Tradicional puertorriqueña

Epifanía / Epiphany

26 **Venid, Pastorcillos**

MUELLER 11 11 11 11

Away in a Manger
(G26 • K90)

1. Ve - nid, pas - tor - ci - llos, ve - nid a a - do - rar
2. Un rús - ti - co te - cho a - bri - go le da,
3. Her - mo - so lu - ce - ro le vi - no a a - nun - ciar,

1. Al Rey de los cie - los que na - ce en Ju - dá.
2. Por cu - na un pe - se - bre, por tem - plo un por - tal;
3. Y ma - gos de o - rien - te bus - cán - do - le van.

1. Sin ri - cas o - fren - das po - de - mos lle - gar,
2. En le - cho de pa - jas in - cóg - ni - to es - tá,
3. De - lan - te se pos - tran del Rey de Ju - dá,

1. Que el ni - ño pre - fie - re la fe y la bon - dad.
2. Quien qui - so a los as - tros su glo - ria pres - tar.
3. De in - cien - so o - ro y mi - rra tri - bu - to le dan.

Francisco Martínez de la Rosa, siglo XIX

James R. Murray, 1841–1905

1. Del o - rien - te so - mos los tres; ca - bal -
2. O - ro trai - go pa - ra el Rey que ha na -
3. Del lu - ce - ro va - mos en pos; nos con -
4. Ha ve - ni - do al mun - do la luz; mi - rra
5. Rey su - pre - mo, Dios Sal - va - dor, cie - lo y

1. ga - mos has - ta Be - lén, que ha na - ci - do el
2. ci - do a - quí en Be - lén, Rey ex - cel - so,
3. du - ce al Hi - jo de Dios. Yo le o - frez - co
4. yo le o - frez - co a Je - sús; mi - rra pu - ra,
5. tie - rra te dan lo - or. ¡A - le - lu - ya!

1. pro - me - ti - do Prín - ci - pe de Is - ra - el.
2. Rey e - ter - no, del mun - do su - mo bien.
3. gra - to in - cien - so, le rin - do a - do - ra - ción.
4. a - mar - gu - ra, sím - bo - lo de la cruz.
5. ¡A - le - lu - ya! Can - te - mos con fer - vor.

¡Oh,——— as - tro be - llo, di - vi - nal!

Con tu bri - llo ce - les - tial se - gui - re - mos

tus des - te - llos que ha - cia a Cris - to nos guia - rán.

Mt 2:1–11
John H. Hopkins, Jr., 1820–1891
Tr. al esp. por Effie Chastain de Naylor, alt.

John H. Hopkins, Jr., 1820–1891

Epifanía / Epiphany

28 ¿Qué Niño Es Éste?

GREENSLEEVES 87 87 con Estribillo

1. ¿Qué ni - ño es és - te que al dor - mir ___ en
2. ¿Por qué en hu - mil - de es - ta - blo a - sí ___ el
3. Trai - ga - mos do - nes en su ho - nor, ___ oh

1. bra - zos de ___ Ma - rí - a, pas - to - res ve - lan,
2. ni - ño ha ___ na - ci - do? Por to - do in - jus - to
3. pue - blos y ___ na - cio - nes, al Rey de re - yes,

1. án - ge - les ___ le can - tan me - lo - dí - as?
2. pe - ca - dor ___ su a - mor ___ ha flo - re - ci - do.
3. Sal - va - dor, ___ un tro - no le - van - te - mos.

Él es ___ el Cris - to, el Rey. ___ Pas - to - res, án - ge - les can - tad;

ve - nid, ___ ve - nid a él, ___ al hi - jo de ___ Ma - rí - a.

William C. Dix, 1837–1898
Tr. al esp. por Ángel M. Mergal, 1909–1971

Melodía inglesa, siglo XVI

Epifanía / Epiphany

ESTRIBILLO

Es-cú-cha-nos, Se-ñor, he-mos pe-ca-do. Ten com-pa-sión de no-so-tros.
At-tén-de Dó-mi-ne, et mi-se-ré-re, Qui-a pec-cá-vi-mus ti - bi.

ESTROFAS

1. A   ti,   Su - mo   Rey,___   Re - den - tor   de   to   -   dos,
2. Pa - dre   ce - les - tial,___   pie - dra y fun - da - men   -   to,
3. Te   ro - ga - mos, Dios,___   an - te tu al - to   tro   -   no

1. *Ad   te   Rex   sum - me,___   óm - ni - um   Re - démpt   -   or,*
2. *Déx - te - ra   Pa - tris,___   la - pis   an - gu - lá   -   ris,*
3. *Ro - gá - mus,   De - us,___   tu - am   ma - jes - tá   -   tem:*

1. ya   le - van - ta - mos   nues - tro   ros - tro en llan   -   to:
2. ví - a   se - gu - ra,   puer - ta   de   los   cie   -   los,
3. que oi-gas   be - nig - no   los   ge - mi - dos nues   -   tros,

1. *O - cu - los   no - stros   sub - le - vá - mus flen   -   tes;*
2. *Vi - a   sa - lú - tis,   já - nu - a   cae - lé   -   stis,*
3. *Au - ri - bus   sa - cris   gé - mi - tus   ex - áu   -   di:*

Al Estribillo

1. ¡Ó - ye - nos, Cris - to!   Que a ti   su - pli - ca   -   mos.
2. lim - pia   la   man - cha   del   de - li - to   nues   -   tro.
3. y   los   pe - ca - dos   tu   cle - men - cia ig - no   -   re.

1. *Ex - áu - di,   Chri - ste,   sup - pli - cán - tum   pre   -   ces.*
2. *Ab - lu - e   no - stri   má - cu - las   de - lí   -   cti.*
3. *Crí - mi - na   no - stra   plá - ci - dus   in - dúl   -   ge.*

4. Confesándote los pecados hechos,
   Arrepentidos de lo oculto estamos;
   ¡O Jesucristo! tu piedad los borre.

5. Inocente, tú preso estar quisiste.
   Falsos testigos manso soportaste.
   Tus redimidos ¡Oh Jesús conserva!

4. *Tibi fatémur crímina adamíssa:*
   Contríto corde pándimus occúlta:
   Tua Redémptor, píetas ignóscat.

5. *Innocens captus, nec repúgnans ductus;*
   Téstibus falsis pro ímpiis damnátus;
   Quos redemísti, tu consérva, Christe.

Latín, siglo X
Tr. al esp. anón.

Canto gregoriano, Modo V

Cuaresma / Lent

30 Perdón, Oh Dios Mío

(Tradicional)

Have Mercy, O My God
(G30 • K97)

ESTRIBILLO

Per - dón, oh— Dios— mí - o, per - dón, in - dul -
gen - cia; per - dón y cle - men - cia, per -
dón y— pie - dad,— per - dón y pie - dad.

ESTROFAS

1. Pe - qué, ya— mi— al - ma su cul - pa con -
2. Por mí en el— Cal - va - rio tu san - gre ver -
3. Mas ya a - rre - pen - ti - do te bus - co llo -

1. fie - sa; mil ve - ces me pe - sa de
2. tis - te; en la cruz es - tu - vis - te por
3. ro - so; ¡oh Pa - dre a - mo - ro - so! ¡oh

Al Estribillo

1. tan - ta mal- dad,— de tan - ta mal- dad.
2. mí has - ta ex - pi - rar,— por mí has - ta ex - pi - rar.
3. Dios de bon- dad!,— ¡oh Dios— de bon- dad!

Tradicional

Cuaresma / Lent

ESTRIBILLO

Todos

Per - dón, oh— Dios— mí - o, per - dón, in - dul -

gen - cia; per - dón y cle - men - cia, per -

dón y pie - dad, per - dón y pie - dad.

ESTROFAS

Cantor/Coro

1. Pe - qué, ya mi al - ma su cul - pa con -
2. Por mí en el Cal - va - rio tu san - gre ver -
3. Mas ya a - rre - pen - ti - do te bus - co llo -

1. fie - sa; mil ve - ces me— pe - sa de
2. tis - te; en la cruz es - tu - vis - te por
3. ro - so; ¡oh Pa - dre a - mo - ro - so! ¡oh

Al Estribillo

1. tan - ta mal - dad, de tan - ta mal - dad.
2. mí has - ta ex - pi - rar, por mí has - ta ex - pi - rar.
3. Dios— de bon - dad!, ¡oh Dios— de bon - dad!

Tradicional

Harry Lojewski
Música © 1998, WLP

Cuaresma / Lent

Pequé, Pequé, Dios Mío

I Have Sinned, My God
(G32 • K96)

estribillo: Pe - qué, pe - qué, Dios mí - o; pie- dad, Se - ñor, pie- dad.___

1. Se - ñor, a ti me a- co - jo, llo- ran- do mi ex- tra - ví - o.
2. Que hoy po - ne tris- te el al - ma, se -dien- ta de con- sue - lo.
3. Re - cuer- da oh Dios pia - do - so, cuán- to por mí su- fris- te.
4. Ya que en la cruz me lla - ma tu co - ra- zón he - ri - do,

E: Si gran- des son mis cul - pas, más gran- de es tu bon- dad.___

1. A - piá - da- te, Dios mí - o, a - piá - da- te de mí.___
2. Sus o - jos en el cie - lo y su es- pe- ran- za en ti.___
3. Tú nun - ca des- o - ís - te la voz del pe - ca - dor.___
4. Res- pón - da- le el ge - mi - do que ex-ha - la mi do- lor.___

Tradicional

33 Fuente Eres Tú

Spring of Living Water
(G33 • K241)

1. Fuen- te e- res tú de a- gua vi - va y a - pa- ga- rás nues- tra sed.
2. Mue- res por nues- tros pe - ca- dos y ma - ni- fies- tas tu a- mor.
3. Sien- do, Se- ñor, el Me - sí - as, nos has que- ri- do sal - var
4. In - fun- di- rás en no- so- tros un gran a- mor ha - cia ti.
5. Das, oh Se - ñor, vi- da e- ter- na a quien es- cu- cha tu voz.

1. Vie - nes, Se- ñor, y en no- so- tros sem- bra- rás el don de la fe.
2. Gra- cias a - ho- ra y por siem-pre can - ta- rá tu pue- blo, Se - ñor.
3. y a - do - ra- re- mos al Pa- dre en es- pí - ri - tu y en ver- dad.
4. Nues- tro co - ra- zón re- bel- de tus ca - mi- nos po- drá se- guir.
5. La Pas-cua se - rá la fies- ta que ha-lla- rán los hi - jos de Dios.

José Soler
Texto y música © 1996, José Soler y Editorial Claret
Agente único en EE.UU.: WLP

Madre Llena de Aflicción

STABAT MATER DOLOROSA   88 7

ESTRIBILLO

Ma - dre lle - na de a - flic - ción,_____ de Je - su -
cris - to las lla - gas, gra - bad en mi co - ra - zón.

ESTROFAS

1. Pi - la - to fir - ma con - tra mi due - ño
2. Ya la cruz car - ga mi na - za - re - no;
3. Lo pos-tra en tie - rra la san - ta cruz_____
4. La San - ta Ma - dre en - cuen-tra tier - no
5. Lle - va la cruz_____ ya fa - ti - ga - do:
6. Mu - jer pia - do - sa le o - fre-ce un lien - zo;
7. La cruz sus hom - bros los ha lla - ga - do;
8. A los que llo - ran por sus tor - men - tos,
9. Tres ve - ces pos - tra el du - ro le - ño
10. Ya en el Cal - va - rio le des - nu - da - ron;
11. Con du - ros cla - vos en tro - no a - cer - bo
12. De la cruz ha - ce cá - te-dra el Ver - bo
13. De a - quel ca - dal - so, ya tro - no re - gio,
14. Y en un se - pul - cro del to - do nue - vo,

Al Estribillo

1. que mue-ra in - fa - me en un ma - de - ro.
2. ay, que mis cul - pas son a - quel pe - so.
3. gi - me y sus - pi - ra el buen_____ Je - sús.
4. y que-da he - ri - do de am-bos el pe - cho.
5. por ci - ri - ne - o es a - yu - da - do.
6. su ros - tro san - to re - ci - be en pre - mio.
7. se - gun - da vez_____ es ya pos - tra - do.
8. que llo - ren, man - da, por sí y sus deu - dos.
9. en tie - rra al Hi - jo del Pa - dre E - ter - no.
10. vi - no le die - ron con hiel mez - cla - do.
11. cla - van ver - du - gos al Dios del cie - lo.
12. dan - do doc - tri - na al u - ni - ver - so.
13. su cuer - po ba - jan to - do des - he - cho.
14. a - quel san - tua - rio que - da cu - bier - to.

Tradicional

Estrib.: *Maintzisch Gesangbuch*, 1661
Estrofas: Tradicional

Cuaresma / Lent

Señor, Tu Gran Misericordia

Lord, Your Great Mercy
(G35 • K264)

1. Se - ñor, tu gran mi - se - ri - cor - dia siem - pre nos
2. Ca - mi - nos lle - nos de es - pe - ran - za a - bres en
3. Den - tro del Rei - no de tu glo - ria tú nos in -
4. La sed a - pa - gas de tu pue - blo; de ti pro -
5. Se - ñor, re - ci - be la a - la - ban - za de quie - nes

1. quie - re per - do - nar. Si nos hun - di - mos en la
2. nues - tro co - ra - zón. Se - ñor, tu cruz nos re - di -
3. vi - tas a vi - vir. Se - ñor, nos a - mas y de -
4. ce - de to - do bien. Lle - gó tu luz a nues - tras
5. re - no - vó tu a - mor. Nos da la paz y la a - le -

1. cul - pa tu in - men - so a - mor nos le - van - ta - rá.
2. mí - a y de la muer - te nos li - be - ró.
3. se - as ha - cer - nos se - me - jan - tes a ti.
4. vi - das y a - bres los o - jos de nues - tra fe.
5. grí - a; nos u - nes a tu re - su - rrec - ción.

José Soler
Texto y música © 1996, José Soler y Editorial Claret
Agente único en EE.UU.: WLP

Forgive Us, Your People
(G36 • K99)

Perdona a Tu Pueblo

ESTRIBILLO

Per - do - na a tu pue - blo, Se - ñor; per -
do - na a tu pue - blo, per - dó - na - le, Se - ñor.

ESTROFAS

1. No es - tés e - ter - na   men - te e - no - ja - do;
2. Por las pro - fun - das   lla - gas cru - e - les,
3. Por las he - ri - das   de pies y ma - nos,
4. Por los tres cla - vos   que te cla - va - ron
5. Por las tres ho - ras   de tu a - go - ní - a,
6. Por la a - per - tu - ra   de tu cos - ta - do,

Al Estribillo

1. no es - tés e - ter - na - men - te e - no - ja - do:
2. por las sa - li - vas   y por las hie - les:
3. por los a - zo - tes   tan in - hu - ma - nos:
4. y las es - pi - nas   que te pun - za - ron:
5. en que por Ma - dre   dis - te a Ma - rí - a:
6. no es - tés e - ter - na - men - te e - no - ja - do:

per - dó - na - le, Se - ñor.

ESTROFAS CUARESMALES

1. Por tu poder y amor inefable,
   por tu misericordia entrañable:
   perdónanos, Señor.

2. Somos el pueblo que has elegido
   y con tu sangre lo has redimido;
   perdónanos, Señor.

3. Reconocemos nuestro pecado
   que tantas veces has perdonado:
   perdónanos, Señor.

4. Dios de la fiel y eterna alianza,
   en ti ponemos nuestra esperanza;
   perdónanos, Señor.

5. Desde la cruz nos diste a tu Madre,
   Vuélvenos al abrazo del Padre;
   perdónanos, Señor.

Texto original: tradicional
Estrofas cuaresmales: anón.

Música: tradicional

Cuaresma / Lent

Ti, Jesús, Honor y Gloria

To You, Jesus, All Honor and Glory
(G37 • K202)

1. A ti, Je - sús, ho - nor y glo - ria, por - que de
2. Tú das sen - ti - do a nues - tra vi - da con la vic -
3. E - res el Hi - jo de Dios Pa - dre y tu Pa -
4. A - bres ca - mi - nos de a - le - grí - a, ca - mi - nos
5. Se do - bla - rá to - da ro - di - lla an - te tu

1. to - dos e - res Rey. Pro - cla - ma - re - mos
2. to - ria de la Cruz. Al re - di - mir - nos
3. la - bra gui - a - rá a los her - ma - nos
4. de re - su - rrec - ción. Te re - co - noz - ca el
5. gran - de - za, Se - ñor. En ti rei - nar es

1. ju - bi - lo - sos tu ma - jes - tad y po - der.
2. del pe - ca - do, nos das tu gra - cia y tu luz.
3. que en tu Rei - no, a - mor y paz ha - lla - rán.
4. or - be en - te - ro, co - mo a su Dios y Se - ñor.
5. dar la vi - da; e - res el Sier - vo de Dios.

José Soler
Texto y música © 1996, José Soler y Editorial Claret
Agente único en EE.UU.: WLP

38 Canta Lengua Jubilosa / Pange, Lingua, Gloriosi

Praise We Christ's Immortal Body
(G38 • K104)

PANGE LINGUA GLORIOSI 87 87 87

1. Can - ta len - gua ju - bi - lo - sa el mis - te - rio
2. De Ma - rí - a vir - gen pu - ra pa - ra dár - se -
3. En la ce - na pos - tri - me - ra has - ta el fin lle -
4. Con pa - la - bra po - de - ro - sa el Ver - bo hi -
5. A tan gran - de sa - cra - men - to rin - da - mos a -
6. A Dios Pa - dre so - be - ra - no y a su Hi - jo

1. del al - tar, de la san - gre ge - ne - ro - sa
2. nos na - ció, ha - bi - tan - do en nues - tro mun - do
3. vó su a - mor, ob - ser - van - do to - do el ri - to
4. jo de Dios, en su cuer - po y en su san - gre,
5. do - ra - ción que en fi - gu - ras a - nun - cian - do
6. el Se - ñor a - la - ban - za y glo - ria e - ter - nas

1. y del cuer - po que es man - jar,— los dio el Rey de las
2. co - mo her - ma - no nos ha - bló,— y su pa - so en - tre
3. que en la ley se pres - cri - bió,— hi - zo su cuer - po
4. pan y vi - no trans - for - mó,— los sen - ti - dos no
5. ple - na - men - te se cum - plió,— ve - ne - re - mos el
6. e in - ce - san - te ben - di - ción,— y al Es - pí - ri - tu

1. na - cio - nes pa - ra el mun - do res - ca - tar.
2. no - so - tros en— pro - di - gio ter - mi - nó.
3. co - mi - da y a— los do - ce se en - tre - gó.
4. lo en - tien - de, mas— la fe lo re - ci - bió.
5. mis - te - rio con— la fe del co - ra - zón.
6. Di - vi - no e - ter - nos him - nos— de a - mor. A - men.—

TEXTO LATÍN / LATIN TEXT

1. Pange, lingua, gloriósi
   Córporis mystérium,
   Sanguinisque pretiósi,
   Quem in mundi prétium.
   Fructus ventris generósi
   Rex effúdit géntium.

2. Nobis datus, nobis natus
   Exintácta Vírgine,
   Et in mundo conversátus,
   Sparso verbi sémine,
   Sui moras in colátus
   Miro clausit órdine.

3. In suprémae nocte coenae,
   Recúmbens cum frátribus,
   Observáta lege plene
   Cibis in legálibus,
   Cibum turbae duodénae
   Se dat suis mánibus.

4. Verbum caro, panem verum
   Verbo carnum éfficit:
   Fitque sanguis Christi merum,
   Et si sensus déficit
   Ad firmándum cor sincérum
   Sola fides súfficit.

5. Tantum ergo Sacraméntum
   Venerémur cérnui:
   Et antíquum documéntum
   Novo cedat rítui:
   Praestet fides suppleméntum
   Sénsuum deféctui.

6. Genitóri, Genitóque
   Laus et jubilátio,
   Salus, honor, virtus quoque
   Sit benedíctio:
   Procedénti ab utróque
   Compar sit laudátio. Amen.

Tomás de Aquino, c. 1225–1274, alt.
Tr. al esp. anón.

Canto Gregoriano, Modo III

39 Nos Congregamos Junto a la Mesa

We All Gather at the Table
(G39 • K254)

1. Nos con-gre-ga-mos jun-to_a la me-sa
2. Cuan-do pa-só de_es-te mun-do_al Pa-dre
3. Je-sús mo-rí-a_y re-su-ci-ta-ba
4. Se-ñor, que-re-mos es-tar con-ti-go;
5. En-tre no-so-tros te_ha-ces pre-sen-te

1. que_el mis-mo Cris-to nos pre-pa-ró.
2. su Cuer-po_y San-gre nos en-tre-gó.
3. y su re-tor-no nos pro-me-tió.
4. tu_a-mor, in-men-so nos cau-ti-vó
5. y_a-bres ca-mi-nos de_e-ter-ni-dad.

1. Quie-re_in-mo-lar-se, ser nues-tra vi-da y
2. Por el a-mor que Je-sús nos tie-ne no-
3. Jun-tos to-ma-mos el pan y_el cá-liz y
4. y, con tu_a-mor, a nues-tros her-ma-nos ser-
5. Se-ñor, tu pue-blo lle-no de fies-ta dán-

1. dar-se_a to-dos en co-mu-nión.
2. so-tros so-mos hi-jos de Dios.
3. ce-le-bra-mos la sal-va-ción.
4. vir po-dre-mos con i-lu-sión.
5. do-te gra-cias te_a-cla-ma-rá.

José Soler
Texto y música © 1996, José Soler y Editorial Claret
Agente único en EE.UU.: WLP

40 Venid, Oh Cristianos

Come, O Christians
(G40 • K105)

ESTRIBILLO

Ve-nid, oh cris-tia-nos, la cruz a-do-re-mos,

la cruz en-sal-ce-mos que_al mun-do sal-vó.

ESTROFAS

1. Di - cho - sa a - que - lla al - ma   Que tie - ne pre - sen - te
2. ¡Oh cruz a - do - ra - ble!   Te   a - mo y te a - do - ro,
3. Re - ci - be, cruz san - ta,   Mis bra - zos can - sa - dos,
4. Ve - nid, al - mas fie - les,   Be - sad con an - he - lo,
5. A - me - mos, cris - tia - nos,   La cruz del a - ma - do
6. Per - mi - te que lle - gue   A ti, y que mue - ra;

Al Estribillo

1. A quien con ar - dien - te   A - fec - to la a - mó.
2. Cual ri - co te - so - ro   De gra - cia y de a - mor.
3. Y en ti re - cli - na - dos   Al - can - cen a Dios.
4. La lla - ve del cie - lo,   La cruz del Se - ñor.
5. Je - sús, que en - cla - va - do   En e - lla mu - rió.
6. ¡Cuán dul - ce me fue - ra,   Lo - grar tal fa - vor!

Tradicional

O Venerable and Faithful Cross
(G41 • K102)

Oh Cruz Fiel y Venerable   41
PICARDY 87 87 87

1. ¡Oh cruz fiel y ve - ne - ra - ble!   Ár - bol no - ble del per - dón;
2. ¡Can - ta, pues, oh len - gua mí - a!   la ba - ta - lla del Se - ñor;
3. Con es - pi - nas co - ro - na - do   y tran - si - do de do - lor,
4. Ya ter - mi - na la gran o - bra,   que su a - mor de - ter - mi - nó,

1. sin i - gual es tu fo - lla - je,   sin i - gual tu fru - to y flor;
2. que re - sue - nen a - la - ban - zas   en ho - nor del ven - ce - dor;
3. u - na lan - za ha tras - pa - sa - do   su ben - di - to co - ra - zón;
4. en - car - na - do, pa - ra dar - nos   vi - da e - ter - na y sal - va - ción;

1. dul - ce le - ño, dul - ces cla - vos, que sos - tie - nen al Se - ñor.
2. ¡Có - mo con - quis - tó la muer - te! nues - tro San - to Re - den - tor.
3. fuen - te a - brien - do, por no - so - tros, de di - vi - na re - den - ción.
4. o - fre - cien - do el cuer - po y san - gre, en el le - ño de la cruz.

Tradicional

Melodía francesa, siglo XVII

Semana Santa / Holy Week

42 Mirad la Cruz

1. Mi - rad la cruz en que, por a - mor,
2. Cla - vos y es - pi - nas tras - pa - sa - rán
3. Jun - to a tu cruz es - té nues - tra cruz
4. Mar - rí - a es - ta - ba al pie de la cruz;
5. Oh Cruz glo - rio - sa, con tu es - plen - dor

1. Cris - to Je - sús se qui - so o - fre - cer.
2. a nues - tro Rey, Cor - de - ro de Dios.
3. y te si - ga - mos con hu - mil - dad.
4. e - lla tam - bién se qui - so en - tre - gar.
5. un pue - blo san - to pre - pa - ra - rás

1. La cruz es vi - da y es ben - di - ción
2. Él nues - tras cul - pas ex - pia - rá
3. Se - ñor, a to - dos con - so - la - rás
4. Es nues - tra Ma - dre y en su do - lor
5. que e - ter - na - men - te y con gra - ti - tud

1. que la muer - te ha de ven - cer.
2. y ha - lla - re - mos el per - dón.
3. y de luz re - ves - ti - rás.
4. por los hi - jos ro - ga - rá.
5. tu po - der a - cla - ma - rá.

José Soler
Texto y música © 1996, José Soler y Editorial Claret
Agente único en EE.UU.: WLP

ESTRIBILLO

¡A - le - lu - ya,— a - le - lu - ya, a - le - lu - ya!

ESTROFAS

1. ¡Cris - to Je - sús— re - su - ci - tó!
2. Ya las mu - je - res san - tas van
3. La nue - va un án - gel les— da - rá:
4. An - te la nue - va, Pe - dro y Juan
5. Re - su - ci - ta - do, vi - si - tó
6. A los a - pós - to - les,— des - pués,
7. To - más no es - ta - ba y se— ne - gó
8. Je - sús ben - di - jo a quien— sin ver
9. Los dos a - mi - gos de E - ma - ús
10. Con go - zo can - te al Sal - va - dor

1. Can - tar que - re - mos en— su ho - nor,
2. a un - gir el cuer - po del— Se - ñor,
3. "Cris - to Je - sús— re - su - ci - tó,
4. a - cu - den pres - tos al— lu - gar;
5. a Mag - da - le - na el Sal - va - dor,
6. se mues - tra y dí - ce - les:— "Yo soy;
7. a dar por cier - to que e - ra Él;
8. y sin du - dar— cre - ye - ra en Él;
9. du - ran - te la— frac - ción— del pan,
10. la re - di - mi - da hu - man - i - dad,

Al Estribillo

1. por - que a la muer - te de - rro - tó.
2. y a su se - pul - cro lle - ga - rán.
3. y en su se - pul - cro ya— no es - tá."
4. a Cris - to en él— no en - con - tra - rán.
5. y e - lla a sus plan - tas se a - rro - jó.
6. mi - rad mis ma - nos y— mis pies."
7. por fin lo vio y lo con - fe - só.
8. ben - di - tos, pues,— de - sea - mos ser.
9. re - co - no - cie - ron a— Je - sús.
10. y en Él con - fie - se a su— Se - ñor.

¡A - le - lu - ya!

Jean Tisserand, m. 1494
Tr. al esp. anón.

Canto gregoriano, Modo II, siglo XVII

Pascua / Easter

44 Éste Es el Día

(Tradicional)

This Is the Day
(G44 • K112)

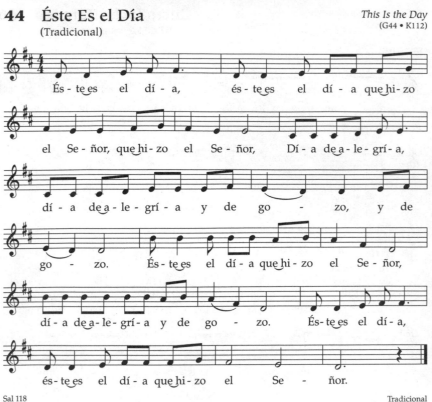

És-te es el dí - a, és-te es el dí - a que hi-zo

el Se - ñor, que hi-zo el Se - ñor, Dí - a de a-le-grí-a,

dí - a de a-le-grí-a y de go - zo, y de

go - zo. És-te es el dí - a que hi-zo el Se - ñor,

dí - a de a-le-grí-a y de go - zo. És-te es el dí - a,

és-te es el dí - a que hi-zo el Se - ñor.

Sal 118

Tradicional

45 El Señor Resucitó

(Tradicional)

The Lord Is Risen
(G45 • K111)

1. El Se - ñor re - su - ci - tó,
2. Por el Pa - dre que a - mó:
3. Al pe - ca - do y al do - lor: } ¡A - le - lu - ya!
4. A u - na gran re - su - rrec - ción,
5. Nue-va vi - da, nue-vo a - mor,

1. Nues - tra vi - da i - lu - mi - nó,
2. Por el Hi - jo, triun-fa - dor:
3. Ya la muer - te él ven - ció: } ¡A - le - lu - ya!
4. Nos in - vi - ta el Se - ñor,
5. Ha - rán un mun-do me - jor,

Tradicional

La Ruda Lucha Terminó **46**

VICTORY   888 con Aleluyas

ESTRIBILLO

¡A - le - lu - ya, a - le - lu - ya, a - le - lu - ya!

ESTROFAS

1. La ru - da lu - cha ter - mi - nó,
2. La muer - te en Cris - to se en - sa - nó,
3. Tres dí - as fue - ron de___ do - lor,
4. Pa - ra li - brar - nos del___ te - mor

1. la muer - te Cris - to con - quis - tó;
2. mas sus ca - de - nas des - tro - zó;
3. de lu - to por Cris - to el___ Se - ñor;
4. de la cruel muer - te y su___ te - rror

1. de triun - fo el can - to co - men - zó.
2. el Sal - va - dor re - su - ci - tó.
3. hoy vi - ve y rei - na el Sal - va - dor.
4. re - su - ci - tó nues - tro___ Se - ñor.

Al Estribillo

1.-4. ¡A - le - lu - ya!

Symphonia Sirenum Selectarum, Cologne, 1695
Tr. al esp. anón.

Giovanni Pierluigi da Palestrina, 1525–1594
Adapt. por William H. Monk, 1823–1889

Pascua / Easter

ESTROFAS 1, 2

1. Dios rei - na, el pue - blo gri - ta de a - le - grí - a,
2. Hoy es___ el dí - a que hi - zo el Se - ñor,___

1.–2. ¡A - le - lu - ya!___ ¡La vi - da triun - fó de la

Al Estribillo

1.–2. muer - te, la Cruz ven - ció al in - fier - no!

ESTRIBILLO

¡A - le - lu - ya!___ ¡A - le - lu - ya!___

A las Estrofas

¡A - le - lu - ya!___ ¡Glo - ria a ti, Se - ñor!

ESTROFAS 3, 4

3. Es - ta pie - dra que des - pre - ció el e - ne - mi - go que
4. ¡És - ta es la o - bra que hi - zo Dios por no - so - tros, ben -

3. lle - gue a ser hoy,___ ¡A - le - lu - ya!
4. di - to su Nom - bre!

Al Estribillo

3.–4 ¡Cris - to Je - sús, a - mor su - pre - mo del mun - do!

ESTROFAS 5, 6

5. ¡Tú que te das co-mo pan a to-dos los que has res-ca-
6. ¡Da-nos, Se-ñor, el go-zar de u-na Pas-cua e-

5. ta-do, A-le-lu - ya!____ Que en-ri - que - ces nues - tros
6. ter-na,

Al Estribillo

5.-6. la - bios con tu pre - cio - sa san - gre!

Lucien Deiss
Tr. al esp. por María Pilar de la Figuera

Lucien Deiss
Texto y música © 1966, WLP

Alleluia, the Lord Is Risen
(G48 • K106)

Aleluya, el Señor Resucitó **48**

ESTRIBILLO

A - le - lu-ya, a - le - lu-ya, a-le-lu-ya, a - le - lu-ya,

a - le - lu-ya, a - le - lu-ya. ¡El Se-ñor re-su-ci - tó!

ESTROFAS

1. El Se-ñor re - su-ci - tó,___ can - te-mos con a - le-grí - a.
2. Mi pe-ca-do___ re - di-mió Cris-to Dios,___ su-bien-do al cie-lo,
3. Je - su-cris-to que su-be al cie-lo nos man- da___ que nos que - ra-mos
4. Aho-ra ten-go___ la es-pe-ran-za de que Dios___ siem-pre per-do-na,

1. De- mos gra - cias al___ Se - ñor,___
2. y por fin a - ho-ra no___ te - mo, } a - le-lu - ya.
3. en___ to - dos nues - tros her-ma-nos,
4. que___ Cris - to nun - ca a-ban-do-na,

Tradicional

Pascua / Easter

49 Nuestra Pascua

Our Paschal Sacrifice
(G49 • K114)

ESTRIBILLO
Cantor/Todos

Nues-tra Pas-cua in-mo-la-da, A-le-lu-ya, es Cris-to el Se-ñor, A-le-lu-ya, A-le-lu-ya, ¡A-le-lu-ya!

(⌢)(Final)

ESTROFAS
Cantor

1. ¡Pas-cua Sa-gra-da! ¡Oh fies-ta de la luz!
2. ¡Pas-cua Sa-gra-da! ¡Oh fies-ta u-ni-ver-sal!
3. ¡Pas-cua Sa-gra-da! ¡Vic-to-ria de la Cruz!
4. ¡Pas-cua Sa-gra-da! ¡Oh No-che bau-tis-mal!
5. ¡Pas-cua Sa-gra-da! ¡E-ter-na No-ve-dad!
6. ¡Pas-cua Sa-gra-da! ¡La sa-la del fes-tín
7. ¡Pas-cua Sa-gra-da! ¡Can-te-mos al Se-ñor!

Al Estribillo

1. Des-pier-ta tú que duer-mes y el Se-ñor te a-lum-bra-rá.
2. ¡El mun-do re-no-va-do can-ta un him-no a su Se-ñor!
3. ¡La muer-te de-rro-ta-da ha per-di-do su a-gui-jón!
4. ¡Del se-no de las a-guas re-na-ce-mos al Se-ñor!
5. ¡De e-lla en es-plen-dor nun-ca nos de-ja-rá el Se-ñor!
6. se lle-na de in-vi-ta-dos que ce-le-bran al Se-ñor!
7. ¡Vi-va-mos la a-le-grí-a da-da a luz en el do-lor!

1 Cor 5:7
Lucien Deiss
Tr. al esp. por María Pilar de la Figuera

Lucien Deiss
Texto y música © 1966, WLP

50 Señor, Tú Has Vencido a la Muerte

Lord, You Have Conquered Death
(G50 • K116)

ESTRIBILLO

Cantor/Todos

Se-ñor, tú has ven-ci-do a la muer-te. Se-ñor, tú ha-ces bri-llar la vi-da por la e-ter-ni-dad.

Pascua / Easter

ESTROFAS

Cantor

1.–3. El Se - ñor ha re - su - ci - ta - do de en - tre los muer - tos.

1. Pri - mi - cias de to - dos a - que - llos que duer - men,
2. Oh muer - te, ¿en dón - de es - tá tu vic - to - ria?
3. Can - te - mos la glo - ria del Dios que nos sal - va,

Al Estribillo

1. la muer - te ha si - do ven - ci - da por la vi - da.
2. La muer - te ha si - do ven - ci - da por la vi - da.
3. can - te - mos al Pa - dre, en Cris - to, el Se - ñor.____

2 Tm 1:10; estrofas: 1 Cor 15
Lucien Deiss
Tr. al esp. por María Pilar de la Figuera

Lucien Deiss
Texto y música © 1966, WLP

Christ Jesus Is Risen
(G51 • K107)

Cristo Jesús Resucitó **51**

LASST UNS ERFREUEN   88 8 88 con Estribillo

1. ¡Cris - to Je - sús re - su - ci - tó so - bre la muer - te triun - fa -
2. ¡Oh gran Se - ñor, Rey y Pas - tor, rei - ne tu paz, rei - ne tu a

1. dor! Oh gran dí - a ¡A - le - lu - ya! Can -
2. mor! Por los si - glos ¡A - le - lu - ya! Pues

1. ten los fie - les a u - na voz, re - sue - ne co - ro en su lo - or.
2. te in - mo - las - te en u - na cruz, pa - ra a - sí dar - nos vi - da y luz

¡A - le - lu - ya, a - le - lu - ya! ¡A - le -

lu - ya, a - le - lu - ya, a - le - lu - ya!

Tradicional

Geistliche Kirchengesänge, Cologne, 1623

Pascua / Easter

52 El Señor Resucitó

EASTER HYMN 77 77 con Aleluyas

1. El Se-ñor re-su-ci-tó,— / ¡A - le - lu - ya!
2. El que al pol-vo se hu-mi-lló,— / ¡A - le - lu - ya!
3. El que a muer-te se en-tre-gó,— / ¡A - le - lu - ya!
4. Cris-to nues-tro Sal-va-dor,— /

1. Muer-te y tum-ba ya ven-ció,— / ¡A - le - lu - ya!
2. Ven - ce - dor se le - van-tó,— / ¡A - le - lu - ya!
3. El que a-sí nos re - di-mió,— / ¡A - le - lu - ya!
4. De la muer-te ven - ce - dor,— /

1. Su po-der y su vir-tud, / ¡A - le - lu - ya!
2. Y can-ta-mos en ver-dad, / ¡A - le - lu - ya!
3. Hoy en glo - ria ce - les-tial, / ¡A - le - lu - ya!
4. Pron-to va-mos sin ce - sar, /

1. Cau - ti - vó la es - cla - vi-tud.— / ¡A - le - lu - ya!
2. Su— glo - rio - sa ma - jes-tad.— / ¡A - le - lu - ya!
3. Rei - na en vi - da tri - un-fal.— / ¡A - le - lu - ya!
4. Tus lo - o - res a can-tar.— /

Tradicional

Lyra Davidica, 1708
The Compleat Psalmodist, 1749

Pascua / Easter

ESTROFAS

1. És-te es el dí - a que hi-zo el Se - ñor.   Can - te - mos
2. Que sea ben - di - to, ben - di - to sea a- quél,   a - quel que

1. to - dos con san - to fer - vor.   Cie-los y tie - rra muy jun - tos es-
2. vie-ne en el nom - bre de Dios.   Que las gui - ta - rras re - sue - nen por

1. tán   por-que el Se - ñor ha ve - ni - do a - quí.
2. él,   y ca - da no - ta sea un can - to de a- mor.

ESTRIBILLO

Can - tan las flo - res, se a - le - gran los cam-pos;   bos-ques y

pra-dos a - la - ban a Dios.   A - sí no - so - tros can - ta - mos a-

le- gres   en es - te dí - a que hi-zo el Se - ñor.

Carlos Rosas
Texto y música © 1976, Resource Publications

Pascua / Easter

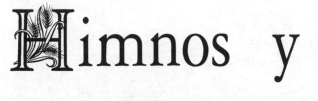imnos y 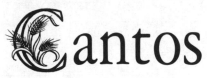antos

Hymns and Songs

ESTRIBILLO

Cantor/Todos

El Se- ñor es mi pas- tor, na-da me pue-de fal- tar.

ESTROFA 1

Cantor

1. En ver- des pas- tos me da des- can- so y al a - gua fres- ca

1. me lle - va él. Él for - ta - le - ce to- da mi al - ma

Al Estribillo

1. y él me guí- a por bue- nos ca - mi- nos.

ESTROFA 2

Cantor

2. Y aun - que pa - sé por va - lles os - cu - ros

2. no te - me - ré al mal nin - gu - no, por-

2. que tú es - tás siem- pre a mi la - do. Tu bas-

Al Estribillo

2. tón y tu va- ra me for- ta - le- cen.

ESTROFA 3

Cantor

3. Sir-ves la me-sa___ fren-te a mí en ple-na vis-ta de

3. mis e - ne-mi-gos.___ Y con a - cei-te un-ges mi ca-be-za

Al Estribillo

3. y re - bo-sa, re-bo-sa mi co-pa.

ESTROFA 4

Cantor

4. Só-lo bon-dad y tu___ fa-vor me a-com - pa-ñan

4. to-da mi vi-da,___ y ha-bi - ta - ré en la ca-sa del Se - ñor

Al Estribillo

4. to-dos los dí - as de___ mi vi-da.

MELODÍA OPCIONAL – ESTROFA 3

Cantor

3. Sir - ves la me - sa fren - te a mí en ple-na

3. vis-ta de mis e-ne-mi-gos. Y con a - cei - te un-ges mi ca-

Al Estribillo

3. be - za y re - bo-sa, re-bo-sa mi co-pa.___

Pedro Rubalcava
Texto y música © 2000, WLP

Salmos / Psalms

ESTRIBILLO/REFRAIN

Cantor/Todos/All

El____ Se - ñor es mi____ pas - tor, na -
The____ good shep - herd is____ my Lord, noth - ing

da me fal - ta.____ El____ Se - ñor es
shall I want.____ The____ good shep - herd

mi____ pas - tor, na - da me fal - ta.____
is____ my Lord, noth - ing shall I want.____

ESTROFAS/VERSES

Cantor

1. El____ Se - ñor____ es mi____ pas - tor,____ na -
2. Aun - que ca - mi - ne por sen - das os - cu - ras, na - da
3. Tu____ bon - dad y tu mi - se - ri - cor - dia me a - com -

1. *The____ good shep - herd is____ my Lord,____ noth - ing*
2. *Through__ the val - ley of death I will walk,____ I will*
3. *Sure - ly your good-ness and love____ will fol - low all the*

1. da____ me fal - ta: en ver - des pra - de - ras me
2. te - me - ré; pues tú____ es - tás____ con -
3. pa - ña - rán,____ y ha - bi - ta - ré en la

1. *shall__ I want: he makes me lie down__ in*
2. *fear____ not,____ for you__ are with__ me*
3. *days of my life,____ and I____ will live in the*

Al Estribillo/To Refrain

1. ha - ce re - cos - tar.____
2. mi - go, Se - ñor.____
3. ca - sa del Se - ñor.____

1. *pas - tures ev - er green.____*
2. *al - ways, oh Lord.____*
3. *house____ of the Lord.____*

Texto esp. © 1970, Conferencia Episcopal Española
Tr. al ing. por Lorenzo Florián

Lorenzo Florián
Texto ing. y música © 1995, 1997, WLP

Eres Mi Pastor

ESTRIBILLO

Cantor/Todos

E - res mi pas - tor, oh Se - ñor;

na - da me fal - ta - rá si me lle - vas tú.

ESTROFAS

Cantor

1. En tus ver - des cam - pi - ñas me hi - cis - te re - po - sar,⎯
2. Sen - de - ros de jus - ti - cia tra - zas - te pa - ra mí;⎯
3. Pre - pa - ras un ban - que - te fren - te a los que me o - dian.
4. Bon - dad, mi - se - ri - cor - dia, me si - gan por do - quier.⎯

Al Estribillo

1. y en tus lím - pi - das a - guas mi sed pue - do cal - mar.⎯
2. e - llos son el ca - mi - no pa - ra lle - gar a ti.⎯
3. La me - sa es - tá ya lis - ta, la co - pa se des - bor - da.
4. Ha - bi - te yo en tu ca - sa por los si - glos. A - mén.⎯

Tradicional

57 Salmo 23: Nada Me Falta

Psalm 23: Nothing Shall I Want
(G57 • K136)

ESTRIBILLO

El Se - ñor es mi pas- tor, na - da me fal - ta. El Se-

ñor es mi pas- tor,___ na-da me fal - ta- rá.___

ESTROFA 1

1. El Se - ñor es mi pas- tor, na - da me

1. fal - ta. En ver- des pra- de - ras me ha - ce re- cos-

1. tar ___ me con - du - ce ha- cia fuen - tes tran- qui - las___ y re-

Al Estribillo

1. pa - ra mis fuer - zas.___

ESTROFA 2

2. Me guía por el sen- de- ro jus - to en gra - cia___ de su

2. nom - bre. Aun- que ca - mi - ne por ca - ña - das os-

2. cu - ras, na - da te - mo por- que tú vas con - mi - go: tu

Al Estribillo

2. va- ra y tu___ ca - ya- do me so - sie- gan.___

Salmos / Psalms

ESTROFA 3

3. Pre - pa - ras u - na me - sa an - te

3. mí, en - fren - te de mis e - ne - mi - gos;

3. me - un - ges la ca - be - za con per - fu - me, y mi

Al Estribillo

3. co - pa re - bo - sa.

ESTROFA 4

4. Tu bon - dad y tu cle - men - cia me a - com -

4. pa - ñan to - dos los dí - as de mi vi - da,

4. y ha - bi - ta - ré en la ca - sa del Se -

Al Estribillo

4. ñor por siem - pre.

Donna Peña
Texto y música © 1988, 1993, GIA

El Señor Es Mi Luz

ESTRIBILLO

El Se - ñor es— mi luz y mi sal - va -

ción,___ mi luz y sal - va - ción.___

ESTROFA 1

Cantor

1. El Se - ñor es mi luz y mi sal - va - ción, ¿a

1. quién he de te - mer? El Se - ñor es la de - fen - sa de mi

Al Estribillo

1. vi - da,___ ¿quién me ha - rá tem - blar?___

ESTROFA 2

Cantor

2. Só - lo u - na co - sa pi - do, es - to bus - co:___ vi -

2. vir con mi Dios por siem - pre, y go - zar de la dul -

Al Estribillo

2. zu - ra del Se - ñor___ por siem - pre_en su pre - sen - cia.___

ESTROFA 3

Cantor

3. Es - pe - ro go - zar de la di - cha____ de

3. Dios en es - ta vi - da.____ Es - pe - ra en el Se - ñor, sé va-

Al Estribillo

3. lien - te____ y en el Se - ñor con - fí - a.____

Texto © 1970, Conferencia Episcopal Española

Pedro Rubalcava
Música © 2000, WLP

Alabado Sea el Señor

ESTRIBILLO/REFRAIN

Cantor/Todos/All

A - la - ba - do se - a el Se - ñor.
Praise the Lord,___ praise___ the Lord.

A - la - ba - da se - a su glo - ria.
Praise God's glo - ry, praise___ God's strength.___

Dios le da a su pue - blo po - der.
God will bless all peo - ple with pow'r.

(⌢) (Final)

Dios le da a su pue - blo la paz.
God will bless all peo - ple with peace.

ESTROFAS/VERSES

Cantor

1. La voz del Se - ñor___ sue - na
1. La voz del Se - ñor___ re - tum - ba
2. *The voice of the Lord___ ech - oes*
2. *The voice of the Lord___ thun - ders*

1. en___ el cie - lo. La glo - ria del___ Se -
1. en___ las nu - bes. La glo - ria del___ Se -
2. *from___ the clouds.___ The glo - ry of___ the*
2. *from___ the skies.___ The glo - ry of___ the*

Al Estribillo/To Refrain

1. ñor___ bri - lla de___ lo al - to.
1. ñor___ bri - lla en___ los mon - tes.
2. *Lord___ shines___ through the heav - ens.*
2. *Lord___ shines___ on___ the moun - tains.*

Lorenzo Florián
Texto y música © 1994, WLP

Te Ensalzaré, Señor

ESTRIBILLO

Cantor/Todos

Te en-sal - za - ré, Se-ñor,— por-que me has— li-be-

ra - do. Te en-sal - za - ré, Se-ñor,—

por - que me has— li - be - ra - do.

ESTROFAS

Cantor

1. Te en-sal - za - ré, Se-ñor,——— por-que me has li-be-
2. Tú, Se-ñor,——— sa - cas-te——— mi vi-da del——— a-
3. Ten pie-dad——— de mí, Se-ñor;— so - có-rre-me— y es-

1. ra - do— y no has——— de - ja-do que— mis e-ne-
2. bis - mo.— Re - vi-vir— me hi-cis-te cuan - do ba -
3. cú-cha me.— Tú cam-bias— de mi lu-to en dan - zas; te da-

Al Estribillo

1. mi - gos se rí - an de mí.———
2. ja - ba——— a——— la fo - sa.———
3. ré——— gra - cias por siem-pre.———

Texto © 1970, Conferencia Episcopal Española

Lorenzo Florián
Música © 1995, WLP

ESTRIBILLO/REFRAIN

Cantor/Todos/All

Gus - ten y___ ve - an, gus - ten y___ ve - an,
Taste___ and___ see,___ taste___ and___ see,___

gus - ten y___ ve - an que bue-no es nues-tro Dios.
taste___ and___ see___ how good___ is our God.

ESTROFAS/VERSES

Cantor

1. Ben - de - ci - ré___ al Se - ñor a to - das ho - ras; no
2. Pro - cla - me - mos to - dos la gran - de - za del Se - ñor
3. Mi - ren al Se - ñor,___ que - da - rán i - lu - mi - na - dos; no a-

1. I will bless the Lord___ at all times;___ God's
2. Glo - ri - fy with me___ the great-ness of the Lord, ___
3. Look to God that you___ may be ra - di - ant with joy ___

1. ce - sa - rá mi bo - ca de a - la - bar - lo,
2. y a - la - be - mos jun - tos su po - der.___
3. so - ma - rá en sus ca - ras la ver - güen - za.

1. praise___ shall be ev - er on my lips.___
2. let___ us to - geth - er praise God's name.___
3. and your fac - es may not blush with shame.___

1. y mi al - ma se en - or - gu - lle - ce del Se - ñor, ___
2. Cuan - do lo lla - mé___ Dios me dio u - na res - pues - ta;
3. El Se - ñor es - cu - cha el ge - mi - do de los po - bres

1. Let my soul___ glo - ry in the Lord;___ the
2. I___ called to God___ and he an - swered all my prayers, ___
3. When the poor cry out,___ God___ hears their plea, ___

Salmos / Psalms

1. que se a - le - gren to - dos que lo es - cu - chan.
2. me li - bró de to - dos mis te - mo - res.
3. y los sal - va de to - da su an - gus - tia.

1. low - ly will hear me and be glad.
2. and de - liv - ered me from all my fears.
3. and from all their trou - bles they are saved.

Tr. al ing. (estrib. y estrofa 3) por Pedro Rubalcava
Texto esp. (estrib.) © 1970, Conferencia Episcopal Española
Texto ing. (estrofas 1, 2) © 1970, CCD

Pedro Rubalcava
Texto ing. (estrib. y estrofa 3), texto esp. (estrofas)
y música © 1995, WLP

Psalm 42: As a Deer Longs
(G62 • K219)

SALMO 42: 62
Como Busca la Cierva

ESTRIBILLO/REFRAIN

Cantor/Todos/All

Co - mo bus - ca la cier - va co - rrien -
As a deer longs for run - ning wa - ter so my

tes___ de a - gua, a - sí___ mi al - ma te
soul longs for you,___ my soul___ longs___ for

bus - ca a ti, Dios___ mí - o.
you,___ O___ my___ Lord.

ESTROFAS/VERSES

1. Mi alma tiene sed de Dios, del Dios vivo:
   ¿Cuándo entraré a ver el rostro de Dios?

2. Envíame tu luz y verdad, que ellas me guíen
   y me conduzcan hasta tu santo hogar.

3. Que yo me acerque al altar del Dios viviente:
   que te dé gracias al son del tambor.

1. *My soul thirsts for you, O Lord, the living God:*
   When will I see the face of the Lord?

2. *Send me your fidelity and light; they will guide me*
   and bring to your dwelling place, the holy mountain of God.

3. *And to the altar of the living God I will go:*
   I will praise you with the harp, O Lord, my God.

Texto esp. © 1970, Conferencia Episcopal Española
Tr. al ing. por Lorenzo Florián

Lorenzo Florián
Texto (ing.) y música © 1995, 1997, WLP

ESTRIBILLO/REFRAIN

Cantor/Todos/All

Heark-en, O daugh-ter,_____ turn now and lis-ten._____

A-tién-de-me, hi-ja,_____ ve y es-cu-cha._____

ESTROFA/VERSE 1

Cantor

1. A-tién-de-me, hi-ja,_____ ve y es-cu-cha,_____ de tu

1. pue-blo y fa-mi-lia no te a-cuer-des,_____ y

Al Estribillo/To Refrain

1. tu her-mo-su-ra al rey con-quis-ta-rá.

ESTROFA/VERSE 2

Cantor

2. You are the fair-est_____ of peo-ple on earth;_____

2. gra-cious-ness poured up-on your lips,_____ be-

Al Estribillo/To Refrain

2. cause God has blessed_____ you for-ev-er-more.

Cantor

3. En lu - gar de tus pa-dres ___ ten - drás hi-jos que en

3

3. to - das ___ par - tes re - yes se - rán. Y los

Al Estribillo/To Refrain

3. pue-blos te a - la - ben Mu - jer pa - ra siem-pre. ___

Steven C. Warner y Alicia Scheidler
Texto y música © 1993, WLP

Psalm 51: Forgiveness, O Lord
(G64 • K251)

SALMO 51: 64
Misericordia, Señor

ESTRIBILLO

Cantor/Todos

Mi- se - ri - cor - dia, Se-ñor: he-mos pe - ca - do. ___

ESTROFAS

Cantor

1. Mi - se - ri - cor - dia, oh ___ Dios mí - o, por tu bon-
2. Pues yo co - noz - co mi ___ pe - ca - do. La - va del
3. Oh, ___ mi Dios, ___ cre - a en mí un co - ra-zón

Al Estribillo

1. dad, ___ por tu com-pa-sión ___ bo - rra mi fal - ta. ___
2. to - do ___ mi ___ de - li - to, lim-pia mi pe - ca - do. ___
3. pu - ro, es - pí - ri - tu fir - me pon ___ en ___ mí. ___

Texto © 1970, Conferencia Episcopal Española

Lorenzo Florián
Música © 1995, 1997, WLP

Salmos / Psalms

65 Salmo 63: Oh Señor, Tú Eres Dios

ESTRIBILLO

Cantor/Todos

Oh Se - ñor, tú e - res Dios, yo te bus - co;

mi al - ma tie - ne sed de ti.

ESTROFAS

Cantor

1. Oh Dios, tú e - res mi Dios, yo te
2. Lo mis - mo que la tie - rra sin
3. Se - ñor yo quie - ro ir a tu
4. Tu a - mor va - le más que la
5. Mis ma - nos se al - za - rán a tu
6. De no - che vie - ne a mí tu re -
7. Mi al - ma es - tá a - fe - rra - da a tu
8. De - ba - jo de tus a - las a -
9. Ho - nor y glo - ria a Dios por los

Al Estribillo

1. bus - co; mi al - ma tie - ne sed de ti.
2. a - gua, mi ser en - te - ro tien - de a ti.
3. tem - plo por ver tu glo - ria, tu po - der.
4. vi - da, mis la - bios can - ta - rán sin fin.
5. nom - bre, mi vi - da can - ta - rá tu a - mor.
6. cuer - do y va mi pen - sa - mien - to a ti.
7. dies - tra, mi al - cá - zar e - res tú, Se - ñor.
8. ni - do y ten - go mi re - fu - gio en ti.
9. si - glos, al Pa - dre al Hi - jo, al San - to A - mor.

Lucien Deiss
Tr. al esp. por María Pilar de la Figuera

Lucien Deiss
Texto y música © 1966, WLP

66 Salmo 63: Mi Alma Tiene Sed

Psalm 63: My Soul Is Thirsting
(G66 • K140)

ESTRIBILLO
Cantor/Todos
Se - ñor, mi al-ma tie-ne sed de ti.
(Final)
Se - ñor, mi al-ma tie-ne sed de ti.
ESTROFA 1
Cantor
1. Se-ñor, tú e-res mi Dios, a ti te bus - co;
1. de ti se - dien-ta es - tá mi al - ma,
1. Se-ñor, y to-do mi ser te a - ño - ra
Al Estribillo
1. co-mo tie - rra se - ca a - ño - ra el a - gua.
ESTROFA 2
Cantor
2. Con es - te a - fán yo te bus - co en el san - tua - rio,
2. pa-ra ad-mi - rar tu glo-ria y tu po-der.
2. Pues es me - jor tu a - mor que la e - xis - ten - cia;
Al Estribillo
2. siem - pre te a - la - ba - rán mis la - bios.

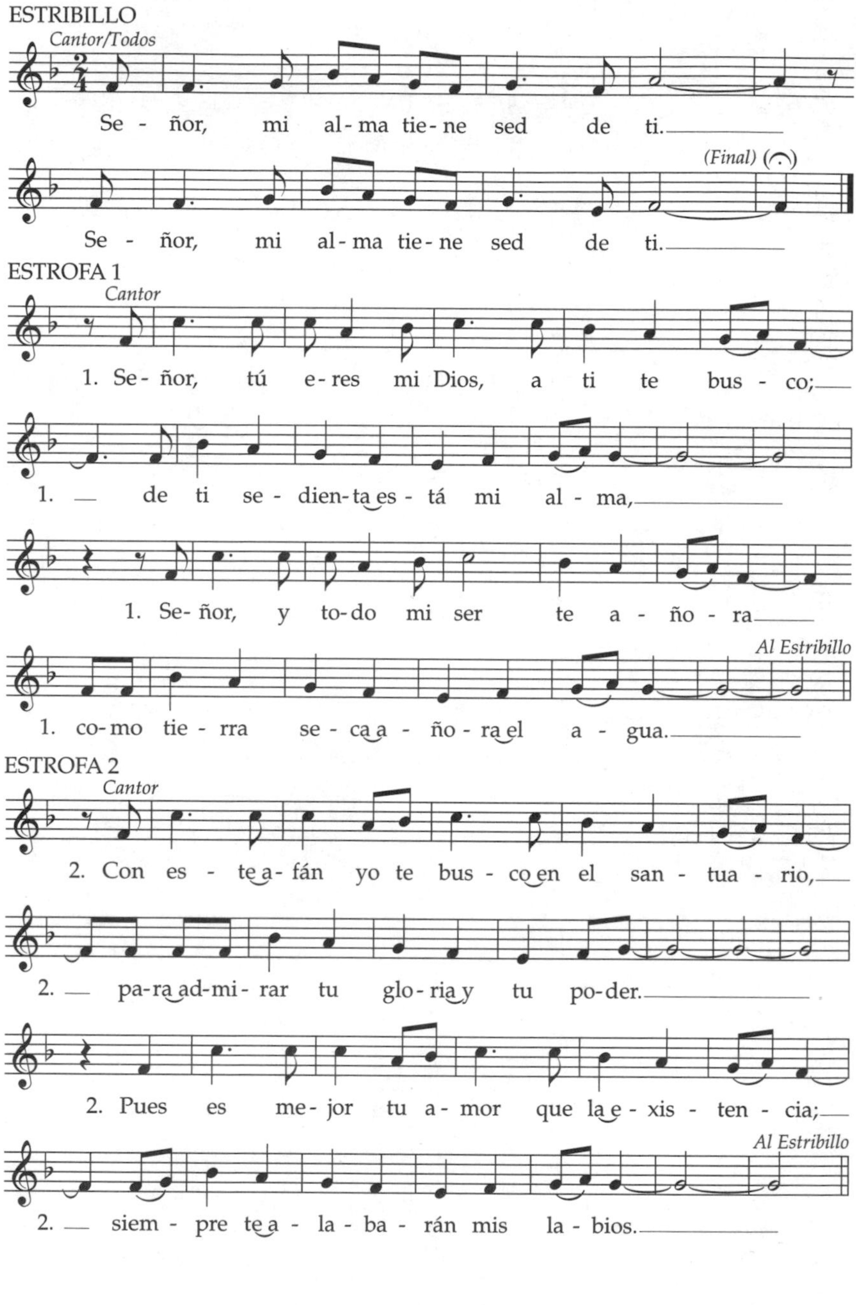

ESTROFA 3

Cantor

3. Po- dré a - sí ben-de- cir - te mien-tras vi - va

3. y al - zar en o - ra - ción mis ma - nos.

3. De lo me- jor se sa - cia - rá mi al - ma;

Al Estribillo

3. te a-la-ba- ré con jú - bi - lo - sos la - bios.

ESTROFA 4

Cantor

4. A - ún cuan - do des- can - so pien-so en ti, Se- ñor;

4. to - da la no-che en ti me - di - to.

4. Pues tú fuis- te un re - fu - gio pa - ra mí, Se- ñor;

Al Estribillo

4. me a-le- gré a la som - bra de tus a - las.

Pedro Rubalcava
Texto y música © 1995, WLP

67 SALMO 84: ¡Felicidad!

Psalm 84: Oh, What a Joy
(G67 • K142)

ESTRIBILLO

¡Fe - li - ci - dad de vi - vir en tu ca -
sa y de a - la - bar - te por to - da la
vi - da! ¡Fe - li - ci - vi - da!

ESTROFAS

Cantor/Coro ... *Todos*

1. Qué bue - no es es - tar en tu ca - sa,
2. Su ni - do ha - llan to - das las a - ves, ¡Fe - li - ci - dad!*
3. Di - cho - so el hom - bre que en ti po - ne,

1. Pa - dre mí - o y Dios mí - o,
2. Don - de po - ner po - llue - los, ¡Fe - li - ci - dad!
3. To - da su for - ta - le - za,

1. Cuán - to an - he - la mi al - ma,
2. Tam - bién las go - lon - dri - nas, ¡Fe - li - ci - dad!
3. Y que con pa - sión quie - re,

1. Y qué ar - dien - te de - se - a,
2. Yo en - con - tré en tus al - ta - res, ¡Fe - li - ci - dad!
3. Ca - mi - nar por tu sen - da,

Se puede cantar "Aleluya" en vez de "Felicidad" dondequiera que ocurra.
This song may be sung using "Aleluya" instead of "Felicidad" wherever it occurs.

Cantor/Coro   *Todos*

1. Ha - bi - tar   en   tu   tem - plo,
2. El   lu - gar   de   mi   di - cha, ¡Fe - li - ci - dad!
3. Yen - do   por   los   de - sier - tos,

Cantor/Coro   *Al Estribillo*

1. To - do   me a - le - gra en   ti,   Se - ñor.
2. Yo   te he en - con - tra - do a   ti,   mi   Dios.
3. Llu - via   fres - ca   siem - pre ha - lla - rá.

Eduardo de Zayas

68 **SALMO 85:**
     Muéstranos, Señor

Psalm 85: Show Us Your Kindness
(G68 • K252)

ESTRIBILLO

Cantor/Todos

Mués- tra-nos, Se-ñor, tu mi-se-ri-cor - dia.

ESTROFAS 1, 3

Cantor

1. Es - cu - cha - ré las pa - la - bras del Se - ñor,
3. Cuan- do el Se - ñor nos mues - tre su bon- dad,

1. pa - la - bras de paz___ pa - ra su pue - blo.___
3. nues - tra tie - rra pro - du - ci - rá su fru - to.___

1. Es - tá___ ya cer - ca nues-tra sal - va-ción___ y ha-bi-ta-
3. La jus - ti-cia an-da - rá___ de-lan - te del Se-ñor,___ la paz i-

Al Estribillo

1. rá su glo - ria en nues - tra tie - rra.___
3. rá si - guien - do sus pi - sa - das.___

ESTROFA 2

Cantor 3

2. La mi-se-ri - cor-dia y la ver-dad se han en-con- tra-do,___

2. la jus - ti - cia y la paz___ se han a - bra - za - do;

2. la ver - dad bro - ta - rá___ des - de la tie - rra___

Al Estribillo

2. y ba - ja - rá del cie - lo la jus - ti - cia.___

Texto (estrib. y estrofa 1) © 1970, Conferencia Episcopal Española

Pedro Rubalcava
Texto (estrofas 2, 3) y música © 1994, WLP

Salmos / Psalms

No Endurezcan el Corazón

ESTRIBILLO

Cantor/Todos

O - ja - lá es - cu - chen hoy___ la voz del Se - ñor,___

no en - du - rez - can el co - ra - zón.___

No en - du - rez - can el co - ra - zón.___

ESTROFAS

Cantor

1. Ven - gan, can - te - mos___ a - le - gres al Se - ñor. A - cla -
2. Por - que el Se - ñor___ es el más gran - de Dios, es el
3. A - do - re - mos pros - ter - na - dos al en - trar de ro -

1. me - mos la Ro - ca que nos sal - va. Va - ya - mos an - te
2. Rey___ so - bre to - dos los dio - ses; en sus ma - nos es -
3. di - llas de - lan - te del Se - ñor___ por - que él es nues - tro

Al Estribillo

1. él dán - do - le gra - cias. A - cla - mé - mos - lo con sal - mos.
2. tán mon - tes y tie - rra; su - yo es el mar, pues él lo creó.___
3. Dios,___ él nos hi - zo; so - mos su pue - blo y su re - ba - ño.

Texto (estribillo) © 1970, Conferencia Episcopal Española

Eleazar Cortés
Texto (estrofas) y música © 2000, WLP

El Señor Es Compasivo

ESTRIBILLO/REFRAIN

Todos/All

El Se- ñor es com- pa - si - vo y mi - se - ri - cor - dio- so.
The— Lord is rich in kind-ness, a- bound-ing in com - pas-sion.

ESTROFA/VERSE 1

Cantor

1. Ben - di - ce al - ma mí - a al Se - ñor y
1. *My soul shall bless the Lord for he is good, and*

1. to - do mi ser—— a su san - to nom - bre. Ben -
1. *all my—— be - ing praise his ho - ly name.—— My*

1. di - ce al - ma mí - a al Se - ñor y
1. *soul shall bless the Lord for he is good, and*

Al Estribillo/To Refrain

1. no ol - vi - des sus— be - ne - fi - cios.
1. *shall not for- get all— of God's good - ness.*

ESTROFA/VERSE 2

Cantor

2. Él per - do - na to - das tus cul - pas y
2. *He for- gives our in - iq - ui - ties———— and*

2. cu - ra to - das tus en - fer - me - da - des. Él res -
2. *cures— us from all sick - ness and our ills.—— He re -*

2. ca - ta tu vi - da de la fo - sa y
2. *deems our lives from the traps of e - vil and*

Al Estribillo/To Refrain

2. te—— col - ma de gra - cia y de ter - nu - ra.
2. *crowns— us with com - pas - sion, love and mer - cy.*

ESTROFA/VERSE 3

Cantor

3. El Se - ñor es com - pa - si - vo y mi - se - ri - cor - dio - so,
3. *Mer - ci - ful and gra - cious is the Lord, he is our re - demp - tion;*

3. len - to a la i - ra y ri - co en cle - men - cia. No nos
3. *slow to— an - ger, God is rich in mer - cy. Not ac -*

3. tra - ta co - mo me - re - cen nues - tros pe - ca - dos,
3. *cord - ing— to our sins does he find us guil - ty,*

Al Estribillo/To Refrain

3. ni nos pa - ga se - gún— nues - tras cul - pas.
3. *nor as our sins de - serve does God con - demn us.*

ESTROFA/VERSE 4

Cantor

4. Co - mo dis - ta el o - rien - te del o - ca - so a -
4. *For as far as the east is from the west—— so*

4. sí a - le - ja de no - so - tros nues - tros de - li - tos. Co - mo un
4. *e - ven fur - ther has he put guilt and sins from us.—— As a*

4. pa - dre sien - te ter - nu - ra por sus hi - jos
4. *fa - ther— feels com - pas - sion for his chil - dren,*

Al Estribillo/To Refrain

4. sien - te el Se - ñor ter - nu - ra por sus fie - les.
4. *so does God— feel com - pas - sion for his faith - ful.*

Texto esp. © 1970, Conferencia Episcopal Española
Tr. al ing. por Peter M. Kolar

Peter M. Kolar
Texto ing. y música © 1998, WLP

Salmos / Psalms

ESTRIBILLO/REFRAIN

En - ví - a tu Es - pí - ri - tu, Se - ñor, y re-
Send forth____ your Spir - it, O Lord, and re-

1., 2. A las Estrofas/To Verses | Final

nue - va la faz de la tie - rra. tie - rra.
new____ the face of the earth.____ earth.____

ESTROFAS/VERSES

Cantor

1. Ben - di - ce, al - ma mí - a,____
2. — Cuán - tas son tus o - bras, la
3. — Glo - ria a Dios por siem - pre.____

1. *Give glo - ry to the Lord,____*
2. *— Man - y are God's works.____ The*
3. *— Glo - ry to the Lord.____*

1. al Se - ñor de glo - ria.____ Dios__ mí - o, que
2. tie - rra es - tá__ lle - na de tus cria - tu - ras, Se-
3. Go - ce el Se - ñor__ con sus o - bras tan

1. *call up - on God's name.____ How__ great is our*
2. *earth is filled with splen - dor____ and__ all of God's*
3. *Sing to God al - might - y.____ Re - joice in God's*

Al Estribillo/To Refrain

1. gran - de,
2. ñor;____
3. gran - des;

gran - de e - res tú.

1. *God.____*
2. *crea - tures.*
3. *won - ders.*

Ho - ly is the Lord.

Texto (esp.) © 1970, Conferencia Episcopal Española
Tr. al ing. por Lorenzo Florián

Lorenzo Florián
Texto (ing.) y música © 1995, 1996, WLP

Salmos / Psalms

ESTRIBILLO I

Cantor/Todos

Yo can-ta-ré al Se-ñor to-da la vi - da;

mi a-le-grí - a só-lo en ti, Se - ñor.

ESTRIBILLO II

Cantor/Todos

Oh Se-ñor, en-ví - a tu es-pí-ri-tu y re-

nue - va la faz de la tie - rra.

ESTROFAS

Cantor

1. ¡Oh Se-ñor, que mi al-ma te ben-di - ga!
2. Con los fru - tos que vie-nen de la tie - rra,
3. To-dos e - llos es-pe-ran de tu a-mor,
4. Les en-ví - as el so-plo de tu bo - ca,
5. ¡Glo-ria a Dios, que cre-yó es-tas ma-ra-vi - llas!

1. Oh_____ Dios, tú e-res gran - de, ves-ti-do
2. Oh_____ Dios, nos a-li-men - tas; tú ha-ces
3. Oh_____ Dios, el a-li-men - to; tú a -
4. Oh_____ Dios, y son cre-a - dos; re-nue -
5. ¡Glo-ria al Se-ñor! Can-te-mos to - dos al Pa -

Al Estribillo

1. de es-plen-dor___ y be-lle - za.
2. ger-mi-nar___ el pan nues - tro.
3. bres la ma-no y los sa - cias.
4. vas la faz___ de la tie - rra.
5. dre y al Hi-jo y al Es-pí-ri-tu San - to.

Lucien Deiss
Tr. al esp. por María Pilar de la Figuera

Lucien Deiss
Texto y música © 1966, WLP

ESTROFA 1

Cantor ... *Coro/Todos*

1. A - la - bar, sier - vos de Dios: ¡A - le - lu - ya!

Cantor ... *Coro/Todos*

1. A - la - bar el nom - bre de Dios: ¡A - le - lu - ya!

Cantor ... *Coro/Todos*

1. Ben - de - cir el nom - bre de Dios, ¡A - le - lu - ya! ¡A - le - lu - ya!

ESTROFA 2

Cantor ... *Coro/Todos*

2. Des - de a - ho - ra y por si - glos sin fin, ¡A - le - lu - ya!

Cantor ... *Coro/Todos*

2. De la au - ro - ra al o - ca - so del sol, ¡A - le - lu - ya!

Cantor ... *Coro/Todos*

2. A - la - bar el nom - bre de Dios: ¡A - le - lu - ya! ¡A - le - lu - ya!

ESTROFA 3

Cantor ... *Coro/Todos*

3. So - bre to - dos los pue - blos se e - le - va el Se - ñor, ¡A - le - lu - ya!

Cantor ... *Coro/Todos*

3. Más al - ta que el cie - lo la glo - ria de Dios, ¡A - le - lu - ya!

Cantor ... *Coro/Todos*

3. Quien co - mo el Se - ñor nues - tro Dios, ¡A - le - lu - ya! ¡A - le - lu - ya!

ESTROFA 4

4. En la al-tu-ra se sien-ta el Se-ñor, ¡A-le-lu - ya!

4. y se in-cli-na a la tie-rra y al cie-lo, ¡A-le-lu - ya!

4. y le-van-ta del pol-vo al hu-mil-de, ¡A-le-

4. lu - ya! ¡A - le - lu - ya!

ESTROFA 5

5. Glo-ria al Pa-dre, al Hi-jo, al Es-pí-ri-tu

5. San-to, ¡A-le-lu - ya! Es Dios que rei-na sin fin,

5. ¡A-le-lu - ya! Por los si-glos e-ter-nos, ¡A-mén!

5. ¡A - le - lu - ya! ¡A - le - lu - ya!

Lucien Deiss
Tr. al esp. por María Pilar la Figuera

Lucien Deiss
Texto y música © 1964, WLP

Salmos / Psalms

Psalm 116: Our Blessing Cup
(G74 • K229)
El Cáliz de la Bendición

ESTRIBILLO/REFRAIN

Cantor/Todos/All

El   cá - liz de___ la   ben - di - ción
Our   bless-ing cup is   a   com - mu - nion,   com -

es co-mu-nión con la san-gre de Cris - to.___
mu - nion with___ the blood,___ the blood___ of Christ.___

ESTROFAS/VERSES

Cantor

1. ¿Có - mo pa - ga - ré___ al Se - ñor___ to-do el bien que
2. Mu - cho___ le cues-ta al Se - ñor___ la   muer - te
3. Te o-fre-ce-ré un sa-cri-fi-cio de a-la-ban-za in-vo-can-do tu

1. How shall I make a re-turn___ to the Lord___ for___ all___ the
2. Pre - cious in___ the eyes___ of the Lord___ is the death___
3. I___ will of-fer a sa-cri-fice of praise.___ I will call___ up-

1. me   ha he - cho?___ Al - za - ré   la co - pa
2. de   sus fie - les.___ Se-ñor, soy___ tu sier - vo,
3. nom - bre,___ Se - ñor.___ Cum-pli-ré al Se - ñor mis

1. good God's done___ for me?___ ___ The cup of sal - va -
2. of   his faith - ful ones.___ ___ I am___ your ser -
3. on   the name of the Lord.___ ___ My vows I will pay___

Al Estribillo/To Refrain

1. de la sal - va-ción___ in-vo-can - do su nom-bre.___
2. hi - jo de___ tu es-cla-va; tú rom-pis-te mis ca - de-nas.___
3. vo-tos en___ pre-sen-cia de___ to - do el pue-blo.___

1. tion___ I will take up.___ I will call___ on the Lord.___
2. vant,___ here___ I am,___ you have loosed___ all my bonds.___
3. all___ to___ the Lord___ in the pres-ence of God's peo - ple.___

Texto esp. © 1970, Conferencia Episcopal Española
Texto ing. © 1998, Confraternity of Christian Doctrine

Lorenzo Florián
Música © 1998, Lorenzo Florián

ESTRIBILLO

És-te es el dí-a en que ac-tuó el Se-ñor: se - a nues-tra a-le-
grí-a_____ y nues-tro go - zo._____

ESTROFAS

1. Den gra-cias a Dios por-que es bue-no,_____ e-
2. La dies-tra de Dios es po-ten-te,_____ la
3. La pie-dra que fue de-se-cha-da,_____ a-

1. ter-na es su mi-se-ri-cor-dia.__ Di-ga la ca - sa de
2. dies-tra de Dios es ex-cel-sa.__ No he de mo-rir,__ si-no
3. ho-ra es la pie-dra an-gu-lar.__ Es nues-tro Dios quien lo ha

Al Estribillo

1. Is - ra - el: e-ter-na es su mi-se-ri-cor-dia.__
2. vi - vi - ré; con-ta-ré__ las o-bras de Dios.__
3. he - cho, ha si-do un mi-la-gro pa-ten-te.__

Texto © 1970, Conferencia Episcopal Española

Pedro Rubalcava
Música © 1995, WLP

Salmos / Psalms

76 Salmo 118: Den Gracias al Señor

Psalm 118: Give Thanks to the Lord
(G76 • K222)

ESTRIBILLO

Cantor/Todos

Den gra - cias al Se - ñor por-que es bue - no,

por-que es e - ter - na su mi-se - ri - cor - dia.

ESTROFA 1

Cantor

1. Di-ga la ca-sa de Is - ra - el: e - ter - na

1. es su mi - se-ri- cor-dia. Di-ga la ca-sa de Aa-rón:

1. e - ter-na es su mi-se - ri - cor-dia. Di-gan los fie-les del Se-

Al Estribillo

1. ñor: e - ter-na es su mi-se - ri - cor - dia.

ESTROFA 2

Cantor

2. La dies-tra del Se - ñor es po - de - ro - sa, es ex-

2. cel-sa la dies-tra del Se - ñor. ¡No he de mo-rir, vi-vi - ré

2. pa-ra con-tar sus ha - za - ñas! Me cas-ti-gó el Se-

Al Estribillo

2. ñor, pe - ro no me en-tre-gó a la muer- te.

Salmos / Psalms

ESTROFA 3

Cantor

3. La pie-dra re-cha-za-da por los ar-qui-tec-tos es a-

3. ho-ra la pie-dra an-gu-lar. Es el Se-ñor quien lo ha he-cho,

3. es un mi-la-gro pa-ten-te. ¡És-te es el dí-a del Se-

Al Estribillo

3. ñor, sea nues-tro go-zo y a-le-grí-a!

Eleazar Cortés
Texto y música © 2000, WLP

Salmos / Psalms

El Auxilio Me Viene del Señor

ESTRIBILLO

Cantor/Todos

El au - xi - lio me vie - ne del Se - ñor

que hi - zo el cie - lo y la tie - rra.

ESTROFA 1

Cantor

1. Le - van - to mis o - jos de los mon - tes:____ ¿de dón-de ven-

1. drá mi au - xi - lio?____ El au - xi - lio me vie - ne del Se-

Al Estribillo

1. ñor____ que hi - zo el cie - lo y la tie - rra.____

ESTROFA 2

Cantor

2. No per - mi - ti - rá que res - ba - le tu pie,____ tu guar-

2. dián no duer - me;____ no duer - me ni re - po - sa el guar-

Al Estribillo

2. dián,____ el guar - dián de Is - ra - el.____

ESTROFA 3

Cantor

3. El Se - ñor te guar - da a su som - bra;____ es - tá

3. a tu de - re - cha;___ de dí - a el sol no te ha-rá

Al Estribillo

3. da - ño,___ ni la lu - na de la no - che.___

ESTROFA 4

Cantor

4. El Se - ñor te guar - da de to - do mal,___

4. él guar - da tu al - ma;___ el Se - ñor

4. guar - da tus en - tra - das,___ el Se - ñor guar - da tus sa -

4. li - das,___ a - ho - ra y por siem-pre, a - mén!___

Al Último Estribillo

4. ___ ¡A - ho - ra y por siem-pre, a - mén!

ÚLTIMO ESTRIBILLO

Cantor/Todos

El au - xi - lio me vie - ne del Se - ñor___ que

| 1. | 2. |

hi - zo el cie - lo y la tie - rra.___

Peggy Contreraz

78 SALMO 128:
Dichoso El Que Teme

ESTRIBILLO
Cantor/Todos

Di - cho - so el que te - me al Se - ñor,___

y si - gue sus ca - mi - nos.___

ESTROFA 1
Cantor

1. ¡Di - cho - so el que te-me al Se - ñor,___

1. y si - gue sus ca - mi - nos!___

1. Co - me - rás del fru - to de tu tra - ba - jo,

Al Estribillo

1. se - rás di - cho - so,___ te i - rá bien.

ESTROFA 2
Cantor

2. Tu mu - jer, co-mo pa - rra___ fe - cun - da,___

2. en me - dio___ de tu ca - sa;___

2. tus hi - jos co-mo re - nue - vos deo - li - vo,___

Al Estribillo

2. al - re - de - dor___ de tu me - sa.

Salmos / Psalms

ESTROFA 3

Cantor

3. És-ta es la ben - di - ción_____ del hom - bre_____

3. que te - me_____ al Se - ñor._____

3. Que el Se - ñor te ben - di - ga des-de Si - ón,_____

3. que ve-as la pros - pe - ri-dad_____ de Je - ru - sa - lén_____

Al Estribillo

3. _____ to - dos los dí - as de tu vi - da.

Peggy Contreraz
Texto y música © 2000, WLP

Salmo 128:
Dichosos Los Que Temen a Dios

ESTRIBILLO

Di - cho-sos los que te-men a Dios y si-guen sus ca - mi - nos.

ESTROFA 1

1. Di - cho-so el que te-me al Se- ñor_____ y que si - gue

1. sus ca - mi - nos._____ Co-me- rá de los fru - tos de

Al Estribillo

1. su su - dor, se-rá di-cho-so y le i - rá muy bién.

ESTROFA 2

2. Su mu-jer co-mo vid fe - cun-da,_____ en

2. me-dio de su ca-sa;_____ sus hi - jos co-mo re- nue-vos de o-

Al Estribillo

2. li - vo, al-re-de-dor de su me - sa.

ESTROFA 3

Cantor

3. La ben-di-ción del que te-me al Se-ñor:_____ "Que te ben-

3. di - ga des - de Si - ón,_____ y que veas la pros-pe-ri-

Al Estribillo

3. dad de Je - ru - sa - lén to-dos los dí-as de tu vi - da."

Texto © 1970, Conferencia Episcopal Española

Pedro Rubalcava
Música © 1995, WLP

ESTRIBILLO/REFRAIN

Cantor/Todos/All

Ó - ye - nos, Se - ñor, ó - ye - nos;

es - cu - cha nues - tra o - ra - ción.

ESTROFAS/VERSES

Cantor

1. Des - de el a - bis - mo cla - mo a
2. Si no te ol - vi - das de las fal - tas,
3. Con - fí - o en el Se - ñor y en su pa -
4. Mi - se - ri - cor - dio - so es el Se -

1. From the depths I cry to you, "O
2. If you, O Lord, should mark our guilt, then
3. I trust in the Lord; my soul will
4. For with the Lord is kind - ness, and re -

1. ti, Se - ñor mi Dios. Es
2. ¿quién se sal - va - rá? Mas el per -
3. la - bra es - pe - ra - ré. Mi al - ma es -
4. ñor y por su a - mor re - di - me

1. Lord, hear my voice." O
2. who, O God, can stand? But with
3. trust in God's word. More than the
4. demp - tion does a - bound. Is - ra -

1. cu - cha mi cla - mor y a - tien - de
2. dón se en - cuen - tra en ti, por e - so
3. pe - ra en el Se - ñor más que a la au -
4. a su pue - blo, Is - ra - el; pues

1. lis - ten to my plea, with com -
2. you is found for - give - ness that we
3. watch waits for the dawn, my soul will
4. el will be re - deemed from all her

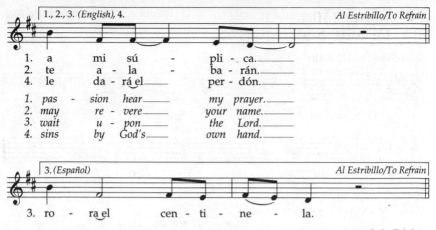

1., 2., 3. *(English)*, 4.   *Al Estribillo/To Refrain*

1. a mi sú - pli - ca.____
2. te a - la - ba - rán.____
4. le da - rá el____ per - dón.____

1. *pas - sion hear____ my prayer.____*
2. *may re - vere____ your name.____*
3. *wait u - pon____ the Lord.____*
4. *sins by God's____ own hand.____*

3. *(Español)*   *Al Estribillo/To Refrain*

3. ro - ra el cen - ti - ne - la.

Pedro Rubalcava
Texto y música © 1994, 1995, WLP

Tu Recuerdo, Señor

ESTRIBILLO

Tu re-cuer-do, Se-ñor, es mi a-le-grí-a.

1.
2.
(⌢) *(Final)*
A las Estrofas

Al re-cor-dar me a-le-gra-ré. ré.

ESTROFA 1

1. Al bor-de de los ca-na-les____ que pa-san

1. por Ba-bi-lo-nia,____ nos sen-tá-ba-mos llo-ran-do____

1. ___ al re-cor-dar nues-tra tie-rra.____ En los sau-

Al Estribillo

1. ces que a-llí cre-cen,____ col-ga-mos nues-tras ar-pas.

ESTROFA 2

2. ¿Có-mo po-de-mos can-tar-les____ un can-to

2. de a-le-grí-a,____ un can-to a nues-tro Se-ñor____

2. ___ en es-ta tie-rra ex-tran-je-ra?____ Je-ru-sa-

Al Estribillo

2. lén, si te ol-vi-do,____ a mi ma-no de-re-cha ol-vi-da-ré.

ESTROFA 3

3. Que se me pe-gue la len-gua___ al pa-la-

3. dar si te ol-vi-do,___ si de ti no me re-cuer-do;___

3. ___ que se me pier-da la voz,___ O, si

Al Estribillo

3. no fue-ras tú, Je-ru-sa-lén, mi ma-yor a-le-grí - a.

Sal 137
Texto (estrofas 1 y 3) © 1972, Sociedad Bíblica Católica Int.

Pedro Rubalcava
Texto (estrofa 2) y música © 1994, WLP

82 **SALMO 138:**
Con Mi Corazón

ESTRIBILLO/REFRAIN

Cantor/Todos/All ⌢(Final)

Con mi co - ra - zón____ can - ta - ré pa - ra ti.____
Lord, with all my heart____ I will sing__ your praise.____

ESTROFAS/VERSES

Cantor

1. Y los re - yes en__ la tie - rra____ te a -
2. *I have heard your voice__ of strength,____ you have saved me*
3. E - res gran - de, e - res cle - men - te.____ No me a-
4. *You will clench your fist a-gainst e - vil;____ your pow'r will*

Al Estribillo/To Refrain

1. la - ba - rán, te a - la - ba - rán.____
2. *from__ all harm,____ from__ all harm.____*
3. ban-do - na - rás, no me a- ban-do - na - rás.____
4. *save____ me,____ will save____ me.____*

Lorenzo Florián
Texto y música © 1994, 1995, 1997, WLP

83 SALMO 145:
Abres Tú la Mano

Psalm 145: You Open Your Hand, Lord
(G83 • K203)

ESTRIBILLO

Cantor/Todos

A-bres tú la ma-no, Se-ñor, y nos sa-cias de fa - vo-res.___

ESTROFAS

1. —
2. La miseri -
3. El Se -

Voy a anunciar lo que dice el Se - ñor.
cordia y fidelidad   se en - cuentran,
ñor nos dará   la   lluvia

1. —
2. la jus -
3. y

Dios anuncia   la ___   paz.
ticia y la paz   se ___   besan;
nuestra tierra da - rá su fruto.

1. La salva -
2. la fideli -
3. La jus -

ción está ya cerca   de sus fieles
dad brota   de la tierra
ticia marchará   an - te él.

Al Estribillo

1. y la
2. y la jus -
3. la salva -

gloria habitará en   nues - tra tierra.
ticia mira   des - de el cielo.
ción segui -   rá sus pasos.

Texto © 1970, Conferencia Episcopal Española

María Pérez-Rudisill
Música © 1995, WLP

Psalm 145: We Shall Bless
Your Name Forever
(G84 • K154)

SALMO 145: **84**
Bendeciremos Por Siempre

ESTRIBILLO

Todos

Ben-de - ci - re-mos por siem-pre al Se - ñor, pues es bue-no con no - so-tros. A - la - ba - re-mos el nom-bre de Dios, pues su a - mor es e - ter - no. ter - no.

A las Estrofas | *Final*

ESTROFAS

Cantor/Coro/Todos

1. Dios es com - pa - si - vo, es
2. Dios es siem - pre jus - to, lle -
3. Que te a - la - ben tus o - bras y que

1. mi - se - ri - cor - dio - so.
2. nas de a - mor sus o - bras.
3. to - dos te ben - di - gan. Que

1. Len - to pa - ra e - no - jar - se, en el per -
2. Siem - pre es - tá muy cer - ca de a -
3. se pro - cla - me tu glo - ria y tam -

1. | *2. Al Estribillo*

1. dón es ge - ne - ro - so.
2. que - llos que lo in - vo - can.
3. bién tus ma - ra - vi - llas. Que

Pedro Rubalcava
Texto y música © 1994, WLP

*Para cada frase de las estrofas: primera vez por el cantor sólo; todos repiten.
For each phrase of the verse: first time by solo cantor; all repeat.

Salmos / Psalms

ESTRIBILLO/REFRAIN

Cantor/Todos/All

¡A - la - ben to - dos el nom-bre de Dios! ¡A - le-lu - ya!___
Let all the earth praise the name of the Lord! Al - le-lu - ia!___

ESTROFA/VERSE 1

Cantor

1. A - lá - ben-lo des - de los cie-los al Se - ñor, y en las___ al-

1. tu-ras; que lo a - la-ben to-dos sus án - ge - les, que lo a-

Al Estribillo/To Refrain

1. la - ben to - dos sus e - jér - ci - tos.___

ESTROFA/VERSE 2

Cantor

2. *Praise God, sun and moon;___ praise him all you shin-ing*

2. *stars.___ Praise God, you high - est heav-ens___ and*

Al Estribillo/To Refrain

2. *all you wa - ters a - bove___ the heav - ens.___*

ESTROFA/VERSE 3

Cantor

3. Los re - yes y to-das na - cion-es, los prín - ci-pes, to-dos que

3. man-dan.___ Los jó - ve-nes, tam - bién las mu-cha-chas,

Al Estribillo/To Refrain

3. los an - cia-nos al la - do de los ni - ños.___

ESTROFA / VERSE 4

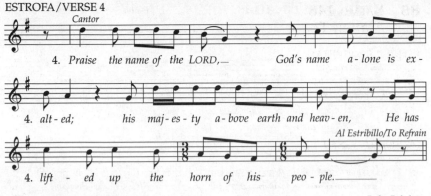

Cantor

4. Praise the name of the LORD,— God's name a - lone is ex -

4. alt - ed; his maj - es - ty a - bove earth and heav - en, He has

Al Estribillo/To Refrain

4. lift - ed up the horn of his peo - ple.——

Tr. al esp. (estrib.) por Pedro Rubalcava
Texto ing. (estrib.) © 1969, 1981, ICEL
Texto ing. (estrofas) © 1970, CCD
Texto esp. (estrofas) © 1972, SOBICAIN

Pedro Rubalcava
Tr. al esp. (estrib.) y música © 1994, WLP

86 Cántico de Zacarías

ESTRIBILLO

Todos

Ben - di - to el Se - ñor Dios de Is - ra - el, por -
Bless-ed be the God___ of Is - ra - el, for

que ha vi - si - ta-do a su pue - blo. Ben - di - to el Se - ñor Dios de
God still___ vi-sits our peo - ple. ___ Bless-ed be the God___ of

Is - ra - el, por - que ha vi - si - ta-do a su pue - blo.
Is - ra - el, for God still___ vi-sits our peo - ple.

Lucas 1:68–79
Adapt. por Suzanne Toolan, S.M.
Tr. al esp. por Pedro Rodríguez, C.M.F.

Suzanne Toolan, S.M.
Texto y música © 2000, WLP

87 Quiero Cantar

ESTRIBILLO

Todos

A ti, Se - ñor, a ti mi a - mor, quie - ro can - tar.

¡Des - piér - ta - te al - ma mí - a, des - piér - ta - te mi

cí - ta - ra y mi ar - pa, des - per - te - mos la au - ro - ra!

ESTROFAS

Cantor

1. Mi co - ra - zón es - tá dis - pues - to, Se - ñor,
2. Gran - de has - ta el cie - lo es tu a - mor,___ mi Dios,
3. Quie - ro en - to - nar un can - to nue - vo, Se - ñor,

Al Estribillo

1. pa - ra can- tar- te͜a ti, mi Sal- va - dor. ¡A-le - lu - ya!
2. has - ta las nu- bes tu fi - de - li - dad. ¡A-le - lu - ya!
3. pa - ra can- tar- te͜a ti, mi Sal- va - dor. ¡A-le - lu - ya!

Sal 57:8–12
Lucien Deiss
Tr. al esp. por María Pilar de la Figuera

Lucien Deiss
Texto y música © 1966, WLP

Morning Has Broken
(G88 • K223)

Despunta el Alba 88
BUNESSAN 54 54 D

1. Des- pun- ta͜el al - ba del nue-vo dí - a; can- tan las
2. Fres-ca͜es la llu - via del al - to cie - lo; ya la cam-
3. Sol re - ful- gen - te da nue-va vi - da ca - da ma-

1. Morn- ing has bro - ken like the first morn - ing, Black-bird has
2. Sweet the rain's new fall sun - lit from heav - en, Like the first
3. Mine is the sun - light; mine is the morn - ing Born of the

1. a - ves al Cre - a - dor; tri - nos que bro - tan ca - da ma-
2. pi - ña vuel-ve͜a na - cer y se des- pier - ta la tie-rra͜en-
3. ña - na des-de͜el E - dén. Nues-tra͜a - la - ban - za hoy e - le -

1. spo - ken like the first bird. Praise for the sing - ing; praise for the
2. dew - fall on the first grass. Praise for the sweet-ness of the wet
3. one light e - den saw play. Praise with e - la - tion, praise ev - 'ry

1. ña - na, pre - ces que͜e - ma - nan del co - ra - zón.
2. te - ra co - mo͜u - na nue - va re - su - rrec - ción.
3. ve - mos; to - da͜al- bo - ra - da͜es nue - va crea - ción.

1. morn - ing; Praise for them, spring - ing fresh from the word.
2. gar - den, Sprung in com - plete - ness where God has passed.
3. morn - ing, God's re - cre - a - tion of the new day.

Sal 30:5
Eleanor Farjeon, 1881–1965
Tr. al esp. por la Comisión del Himnario *Albricias*
Texto ing. © David Higham Assoc. Ltd.
Tr. al esp. © National Hispanic Office of the Episcopal Church

Melodía Gaélica

Oración de la Mañana / Morning Prayer

89 Canto de María

ESTRIBILLO

Todos

Pro - cla-ma mi al-ma lo gran-de que_es Dios, se_a - le - gra mi es-

1.
pí - ri-tu_en mi sal - va - dor.

2.
Pro - mi sal-va - dor.

A las Estrofas
(⌢) (Final)

ESTROFA 1

Cantor

1. Por - que pu-so sus o - jos en la_hu - mil - dad de su fiel sir-

1. vien - ta._____ Y des-de_es - te dí - a to - dos di-

1. rán que yo soy di - cho - sa,_____ por-que_ha he-cho_en mí ma-ra-

Al Estribillo

1. vi - llas el Po - de - ro - so: su nom-bre_es san - to._____

ESTROFA 2

Cantor

2. Y su mi-se - ri-cor-dia lle - ga a to-dos los que le

2. te - men._____ Dios nos ha-ce sen - tir el po-

2. der de su san - to bra - zo._____ Dis-per - só a to-dos a-

Al Estribillo

2. que-llos que son so - ber-bios de co - ra - zón._____

Oración de la Tarde / Evening Prayer

ESTROFA 3

Cantor

3. Y Dios de - rri - bó de su tro - no a los po - de -

3. ro - sos,_____ y Dios le - van - tó a los hu -

3. mil - des del pol - vo; los que tie - nen ham - bre los

Al Estribillo

3. lle - na y a los ri - cos des - pi - de sin na - da._____

ESTROFA 4

Cantor

4. En su mi - se - ri - cor - dia sal - va a su sier - vo, Is - ra -

4. el_____ co - mo lo ha - bí - a pro - me -

4. ti - do a nues - tros pa - dres_____ en fa - vor_____ de_____ A -

Al Estribillo

4. brahán y su des - cen - den - cia por siem - pre._____

Lucas 1:46–54

Pedro Rubalcava
Texto y música © 2000, WLP

90 Junto a Ti
RED RIVER VALLEY

Near You As Evening Falls
(G90 • K36)

1. Jun - to a ti al ca - er de la tar - de y can -
2. Con la no - che las som - bras nos cer - can y re -
3. Cuan-do al fin nos re - co - ja tu ma - no pa - ra ha -

1. sa - dos de nues - tra la - bor, te o - fre - ce - mos con to - dos los
2. gre - sa la a - lon - dra a su ho - gar; nues - tro ho - gar son tus ma - nos, ¡oh
3. cer - nos go - zar de tu paz, re - u - ni - dos en tor - no a tu

1. hom - bres el tra - ba - jo, el des - can - so, el a - mor.
2. Pa - dre!, y tu a - mor nues - tro ni - do se - rá.
3. me - sa, nos da - rás la per - fec - ta her - man - dad.

J. L. Arce
Texto © Instituto Pontificio San Pío X

Tradicional americana

91 Con el Agua, Con el Espíritu

With Water, with the Spirit
(G91 • K220)

ESTROFAS / VERSES

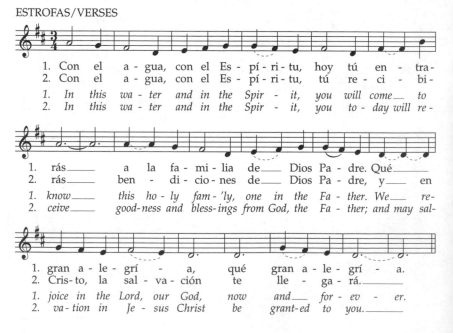

1. Con el a - gua, con el Es - pí - ri - tu, hoy tú en - tra -
2. Con el a - gua, con el Es - pí - ri - tu, tú re - ci - bi -
1. *In this wa - ter and in the Spir - it, you will come__ to*
2. *In this wa - ter and in the Spir - it, you to - day will re -*

1. rás__ a la fa - mi - lia de__ Dios Pa - dre. Qué__
2. rás__ ben - di - cio - nes de__ Dios Pa - dre, y__ en
1. *know__ this ho - ly fam - 'ly, one in the Fa - ther. We__ re -*
2. *ceive__ good-ness and bless-ings from God, the Fa - ther; and may sal -*

1. gran a - le - grí - a, qué gran a - le - grí - a.
2. Cris-to, la sal - va - ción te lle - ga - rá.__
1. *joice in the Lord, our God, now and__ for - ev - er.*
2. *va - tion in Je - sus Christ be grant-ed to you.__*

Iniciación / Initiation

ESTRIBILLO/REFRAIN

Bien - ve - ni - do se - as ____ a es - ta co - mu - ni -
We want to wel - come you ____ to this, your com - mu - ni -

dad. ____ Ya ____ tú e - res un miem - bro más de
ty. ____ Now you've be - come ____ a mem - ber of

(Final)   2

es - ta gran fa - mi - lia. ____
this, your new ____ fam - 'ly. ____

Lorenzo Florián
Texto y música © 1995, 1997, WLP

Blessed Are You, O Lord
(G92 • K14)

Bendito Seas Tú, Señor   92

1. Ben - di - to ____ se - as tú, Se - ñor,
2. Te o - fre - ce - mos ____ el pan de vi - da, ____ el
3. Ben - di - to ____ se - as tú, Se - ñor,
4. Con - sa - gra - mos ____ nues - tras vi - das, pre - sen - o
5. Trans - for - ma ____ nues - tros do - nes, co - ra -

1. Dios del ____ U - ni - ver - so, por es - te ____ pan de
2. fru - to ____ de nues - tra tie - rra, tra - ba - jo ____ de nues - tras
3. Dios del ____ U - ni - ver - so, por es - te ____ vi - no
4. ta - das ____ con es - tos do - nes, tri - bu - to ____ a tu bon -
5. zo - nes, ____ pan y vi - no; a - li - men - ta ____ nues - tras

1. vi - da;
2. ma - nos;
3. pu - ro;   ben - di - to se - a Dios.
4. dad; ____
5. al - mas;

Anthony M. Stevens-Arroyo

Eucaristía / Eucharist

ESTRIBILLO

Es mi cuer - po; to-mad y co-med. Es mi san - gre;

to-mad y be-bed; por-que yo soy vi - da, yo— soy a-mor.

Oh Se - ñor, nos reu - ni - re-mos en tu a - mor.

ESTROFAS

1. El Se - ñor nos da su a-mor co - mo na - die nos lo dio.
2. A los hom-bres a - mó Dios co - mo na-die a-mó ja - más.
3. A los hom-bres a - mó Dios co - mo na-die a-mó ja - más,
4. A los hom-bres a - mó Dios co - mo na-die a-mó ja - más.

1. Él nos guí - a co-mo es-tre - lla en la in - ten-sa os-cu - ri - dad.
2. Pa - ra la gen - te del pue-blo es el hi - jo de Jo - sé.
3. y su a - mor tan gran-de fue que lo con - du-jo has-ta la cruz;
4. En la cruz el Sal - va - dor su pro-pia vi - da nos do - nó,

1. Al par - tir jun-tos el pan él nos lle - na de su a-mor;
2. Con sus ma - nos tra - ba - jó co-mo ha - cí - an los de - más;
3. pe - ro más pu-do el a - mor que la muer-te y el do - lor;
4. Y to - da la hu-ma - ni - dad es el cuer - po del Se - ñor.

Al Estribillo

1. Pan de Dios, el Pan co - ma-mos de a-mis - tad.
2. co - no - ció los su - fri-mien-tos y do - lor.
3. ven - ce - dor, tres días des-pués re - su - ci - tó.
4. Na - da pue - de se - pa - rar-nos de su a - mor.

Tradicional

ESTRIBILLO

Se - ñor,_____ tú e-res el pan_____

que_____ nos da la vi-da e- ter - na._____

1.

2. *Al las Estrofas*
(⌢) (Final)

ESTROFAS

1. Di - jo Je - sús cier - to dí - a pre - di - can-do en Ga - li -
2. Es vo - lun - tad de mi Pa - dre que quien co - ma de es - ta
3. A - quí es-ta el vi - no y el pan_____ que mi cuer-po y san-gre en-
4. No do - mi - na - rá la muer - te a lo que co - man y
5. Fa - ti - ga - dos del ca - mi - no por las ar - dien - tes a -

1. le - a, "Yo soy el pan que da vi - da,
2. ce - na ha de vi - vir pa - ra siem - pre
3. cie - rran; a to - do a-quel que me co - ma
4. be - ban de es - te pan y de es - te vi - no
5. re - nas, pe - re - gri - na hoy tu pue - blo,

Al Estribillo

1. a - nun - cia-do en los pro - fe - tas."_____
2. pa - ra que ya nun - ca mue - ra._____
3. le da-ré u - na vi - da nue - va._____
4. que es co - mi - da ver - da - de - ra._____
5. de - man - dan - do for - ta - le - za._____

Misa Popular Nicaragüense
Guillermo Cüellar

95 Canción del Cuerpo de Cristo

Song of the Body of Christ
(G95 • K213)

NO KE ANO' AHI AHI   Irregular

ESTRIBILLO/REFRAIN

Cantor/Todos/All

Ve - ni - mos a con - tar la his - to - ria. Ve -
We___ come to share our sto - ry, we___

ni - mos a par - tir el pan. Ve - ni - mos a ex-pe - ri - men-
come to break the bread, We___ come to know our

tar la re - su - rrec - ción.___
ris - ing from the___ dead.___

(Final)

ESTROFAS – ESPAÑOL

Cantor/Coro

1. Ve - ni - mos___ co - mo su pue - blo en___
2. Nos___ lla - ma pa - ra sa - nar___ y___
3. Pan de vi - da y co - pa de pro - me - sa, so - mos
4. Nos guia - rás___ y te___ se - gui - re - mos, por-que
5. Vi - vi - re - mos can - tan - do a - la - ban - zas. "A - le -

1. cuer-po y en es - pí - ri - tu.___ U - ni - dos en su a -
2. ser___ su___ es - pe - ran - za. So-mos su - yos pa-ra a - li-men-
3. u - no en___ es - ta co - mi-da. Ven - drá___ su rei-no en
4. e - res la luz que bus - ca-mos. En el dí - a o en la
5. lu - ya" es nues-tra can-ción.___ Por___ siem - pre___ vi - vi -

Al Estribillo

1. mor, so-mos un co - ra - zón.___
2. tar___ a los___ po - bres.___
3. nues - tra___ trans - for - ma - ción.___
4. no - che,___ te ve - re - mos.___
5. re - mos___ en su___ paz.___

Eucaristía / Eucharist

VERSES – ENGLISH

Cantor/Choir

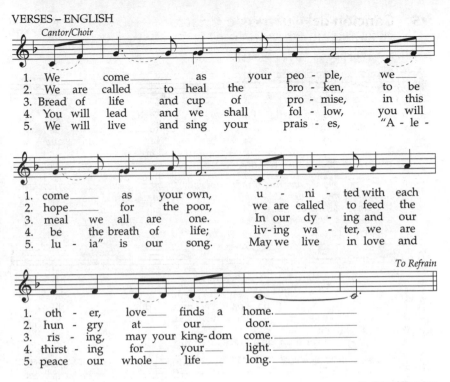

1. We come as your peo - ple, we come as your own,
2. We are called to heal the bro - ken, to be hope for the poor,
3. Bread of life and cup of pro - mise, in this meal we all are one.
4. You will lead and we shall fol - low, you will be the breath of life;
5. We will live and sing your prais - es, "A - le - lu - ia" is our song.

1. u - ni - ted with each oth - er, love finds a home.
2. we are called to feed the hun - gry at our door.
3. In our dy - ing and our ris - ing, may your king-dom come.
4. liv - ing wa - ter, we are thirst - ing for your light.
5. May we live in love and peace our whole life long.

To Refrain

David Haas
Tr. al esp. por Thomas Enneking, O.S.C. (estribillo) y Donna Peña (estrofas)
Texto © 1989, GIA

Tradicional Hawaiana

96 Yo Soy el Pan de Vida

I Am the Bread of Life
(G96 • K279)

BREAD OF LIFE Irregular con Estribillo

ESTROFAS/VERSES

1. — Yo soy el Pan de Vi - da, el que
2. El pan que— yo da - ré_____ es mi
3. — Yo soy e - sa be - bi - da que se
4. — Yo soy la re - su-rrec-ción,_____
5. — Sí, mi Se - ñor, yo— cre - o que has ve -

1. — I am the bread of___ life._____ You who
2. The bread that___ I will___ give_____ is my
3. Un - less_____ you_____ eat_____ of the
4. — I am the res - ur - rec - tion,_____
5. Yes, Lord,_____ I be - lieve_____ that___

1. vie - ne a mí no ten-drá ham - bre,_____ ⁊ el que
2. cuer - po, vi - da pa-ra el mun - do._____ ⁊ El que
3. prue - ba y no se sien - te sed._____ ⁊ El que
4. yo_____ soy— la vi - da.__ El que
5. ni - do al mun-do a re - di - mir - lo,_____ ⁊ que tú

1. come to me shall___ not___ hun - ger;_____ and who be -
2. flesh for the life___ of the world,_____ and if you
3. flesh of the Son___ of___ Man_____ and___
4. I_____ am___ the___ life._____ If you be -
5. you_____ are___ the___ Christ,_____ the___

1. cree__ en mí no ten-drá sed._____ ⁊ Na - die__ vie - ne a
2. siem - pre co-ma de mi car - ne ⁊ vi - vi - rá en
3. siem - pre be-ba de mi san - gre ⁊ vi - vi - rá en
4. cre - e en_____ mí,_____ ⁊ aun - que mu -
5. e - res el Hi - jo de Dios,_____ ⁊ y que es - tás a -

1. lieve in me shall__ not__ thirst._____ No one can come to
2. eat_____ of__ this__ bread,_____ you shall__ live for -
3. drink_____ of__ his__ blood, and drink_____ of his
4. lieve_____ in_____ me,_____ ev - en__ though you
5. Son_____ of_____ God,_____ who_____ have__

Eucaristía / Eucharist

1. mí⸺ ⸲ si mi Pa - dre no le a - tra - e.
2. mí⸺ ⸲ co - mo yo⸺ vi - vo en mi Pa - dre.
3. mí⸺ ⸲ y ten - drá⸺ la vi - da e - ter - na.
4. rie - ra,⸺ ⸲ ten - drá⸺ la vi - da e - ter - na.
5. quí⸺ ⸲ a - len - tan - do nues - tras vi - das.

1. *me⸺ un - less the⸺ Fa - ther beck - ons.*
2. *ev - er,⸺ you shall⸺ live for - ev - er.*
3. *blood,⸺ you⸺ shall not have life with - in you.*
4. *die,⸺ you shall⸺ live for - ev - er.*
5. *come⸺ in - to⸺ the⸺ world.⸺*

ESTRIBILLO/REFRAIN

Yo le re - su - ci - ta - ré,⸺ yo le re - su - ci - ta - ré,⸺
And I will raise⸺ you up,⸺ and I will raise⸺ you up,⸺

yo le re - su - ci - ta - ré⸺ en el dí - a fi - nal.⸺
and I will raise⸺ you up⸺ on the last⸺ day.⸺

Jn 6
Suzanne Toolan
Tr. al esp. anón.

Suzanne Toolan
Texto y música © 1971, 1982, 1986, GIA

Eucaristía / Eucharist

97 Al Partir el Pan

ESTRIBILLO

Todos

Al par-tir el pan de la u - ni- dad, nues-tros o - jos
ven ver-da - de-ro_a- mor. Y_en el re-cor - dar
se con-ver-ti - rán nues-tras vi-das en Cuer-po del Se- ñor.

ESTROFAS 1, 3, 5

Cantor

1. Ca - da vi - da ro - ta for-ma es - te cuer-po,

Cantor

3. Vi- das ro - tas, pan par - ti - do, a - li - men-to_en el ca - mi - no;
5. Pan del cie - lo pa - ra to - dos los que su - fren en la vi - da:

Al Estribillo

1. y en es - ta co - pa nos u - ni - mos to - dos.

Al Estribillo

3. San-gre del a - mor di - vi - no de-rra-ma-da_en es - te vi - no.
5. da - nos fuer-za y a - lien-to pa - ra pro - cla - mar el Rei - no.

ESTROFAS 2, 4, 6

Cantor

2. Ven-gan to - dos al ban-que - te y_en la me - sa de_u - ni - dad
4. Cris - to a la cruz nos lla-ma_a com-par - tir de su pa-sión.
6. Pan de paz y de_a-mis-tad, _ Cris - to mis-mo ser - vi - rá.

Eucaristía / Eucharist

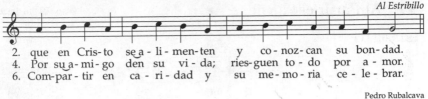

Al Estribillo

2. que en Cris-to se a-li-men-ten y co-noz-can su bon-dad.
4. Por su a-mi-go den su vi-da; ries-guen to-do por a-mor.
6. Com-par-tir en ca-ri-dad y su me-mo-ria ce-le-brar.

Pedro Rubalcava
Texto y música © 2000, WLP

Lord Most High (G98 • K210)

Altísimo Señor 98

Estribillo: Al-tí-si-mo Se-ñor,___ que su-pis-teis jun-tar___
1. Va-ya-mos al al-tar___ do mue-re el buen Je-sús___
2. Je-sús es nues-tra luz,___ Je-sús es nues-tro Rey,___
3. Re-ci-be, fiel mor-tal,___ la san-ta Co-mu-nión,___
4. Quien co-me de es-te pan___ de es-pi-ri-tual vir-tud,___

E: a un tiem-po en el al-tar___ ser Cor-de-ro y Pas-tor;___
1. que-rien-do re-no-var___ los fru-tos de la Cruz.___
2. los ra-yos de la Cruz___ a-lum-bran a su grey.___
3. di-vi-no ma-nan-tial___ de gra-cia y re-den-ción,
4. y be-be con pie-dad del cá-liz de sa-lud,___

E: qui-sie-ra con fer-vor___ a-mar y re-ci-bir___
1. Su san-gre es ri-co don___ del cá-liz de sa-lud,___
2. Su car-ne fuer-za da___ pa-ra guar-dar la ley___
3. Ve-nid a re-ci-bir___ el pan de ben-di-ción___
4. la pren-da tie-ne en sí___ de e-ter-na bea-ti-tud,___

E: a quien por mí___ qui-so mo-rir.___
1. su Cuer-po pan___ de ben-di-ción.___
2. de paz, a-mor___ y ca-ri-dad.___
3. que es pren-da de e - ter-nal vi-vir.___
4. pues Cris-to Dios___ ha-bi-ta a-llí.___

Tradicional

Eucaristía / Eucharist

99 Amante Jesús Mío

O My Loving Jesus
(G99 • K95)

ESTRIBILLO

A - man - te Je - sús mí - o, ¡oh cuán - to te o - fen - dí! Per - do - na mi ex - tra - ví - o y ten pie - dad de mí, y ten pie - dad de mí.

ESTROFAS

1. ¡Quién, al mi - rar - te e - xá - ni - me, pen - dien - te de u - na cruz, por nues - tras cul - pas víc - ti - ma, ex - pi - rar, buen Je - sús, de com - pa - sión y lás - ti - ma no sien - te el pe - cho he - ri - do, ha - bién - do - te o - fen - di - do con tan - ta in - gra - ti - tud!

2. Quien dio la vis - ta al cie - go, quien dio la voz al mu - do, quien nue - va vi - da pu - do a Lá - za - ro in - fun - dir, hoy pen - de de un ma - de - ro y ex - pi - ra es - car - ne - ci - do del pue - blo fe - men - ti - do que vie - ne a re - di - mir.

3. U - na ar - do - ro - sa lá - gri - ma vier - te mi Sal - va - dor, tien - de su vis - ta lán - gui - da bus - can - do al pe - ca - dor. "Ven, ven a mí, hi - jo pró - di - go," Je - sús mu - rien - do ex - cla - ma; "Ven, ven, mi a - mor," te lla - ma, "da - me tu co - ra - zón."

Al Estribillo

Nemesio Otaño, S.J.

Reconciliación / Reconciliation

1. Su - bli - me— gra - cia del Se - ñor, Que a un pe - ca -
2. Su gra - cia— me en - se - ñó a ven - cer, Mis du - das—
3. Pe - li - gros,— lu - cha y a - flic - ción, Los he te -
4. Y cuan - do en— Sión por si - glos mil Bri - llan - do es -

1. *A - maz - ing— grace! How sweet the sound, That saved a—*
2. *'Twas grace that— taught my heart to fear, And grace my—*
3. *The Lord has— prom - ised good to me, His word my—*
4. *Through man - y— dan - gers, toils, and snares, I have al -*

1. dor sal - vó;———— Per - di - do an - da - ba,
2. di - si - pó.———— ¡Qué go - zo— sien - to
3. ni - do a - quí;———— Su gra - cia— siem - pre
4. té cual sol,———— Yo can - ta - ré por

1. *wretch like me!———— I once——— was— lost, but*
2. *fears re - lieved.———— How pre - cious— did that*
3. *hope se - cures.———— He will——— my— shield and*
4. *read - y come.———— 'Tis grace——— has— brought me*

1. él——— me ha - lló, Su luz me— res - ca - tó.————
2. en——— mi— ser! Mi vi - da— él cam - bió.————
3. me——— li - bró, Con - sue - lo re - ci - bí.————
4. siem - pre a - llí A Cris - to el Sal - va - dor.————

1. *now——— am— found, Was blind, but— now I see!————*
2. *grace——— ap - pear, The hour I first be - lieved!————*
3. *por - tion— be As long as— life en - dures.————*
4. *safe——— thus— far, And grace will— lead me home.*

John Newton, 1725–1807, alt.
Tr. al esp. por la Comisión del Himnario *Albricias*

Melodía americana
Tr. al esp. © National Hispanic Office of the Episcopal Church

Reconciliación / Reconciliation

ESTRIBILLO

Sí, me le-van-ta-ré; vol-ve-ré jun-to a mi Pa - dre.

ESTROFAS

1. A   ti,   Se - ñor,   e - le - vo   mi   al - ma;
2. Mi - ra   mi an - gus - tia,   mi - ra   mi   pe - na;
3. Mi   co - ra - zón____   bus - ca   tu   ros - tro;

4. Sa - na   mi   al - ma y   mi   co - ra - zón,____
5. Pie - dad   de   mí,   oh   Dios   de   ter - nu - ra;
6. Vuel - ve,   Se - ñor,____   vuel - ve a   no - so - tros;

7. A - bre   mis   la - bios   pa - ra   can - tar - te;
8. Fe - liz   el   hom - bre a   quien   Dios   per - do - na
9. Tú,   mi a - le - grí - a;   tú,   mi   re - fu - gio;

10. Mi   co - ra - zón   te   can - ta y   e - xul - ta;

Al Estribillo

1. tú e - res   mi   Dios   y   mi   Sal - va - dor.
2. da - me   la   gra - cia   de   tu   per - dón.
3. o - ye   mi   voz,   Se - ñor,   ten   pie - dad.

4. por - que   pe - qué,   Se - ñor,   con - tra   ti.
5. la - va   mis   cul - pas,   oh   Sal - va - dor.
6. so - mos   tus   hi - jos,   ten - nos   pie - dad.

7. da - me el   go - zar   de   la   li - ber - tad.
8. to - das   sus   fal - tas,   to - do   su e - rror.
9. to - dos   los   san - tos   te   can - ta - rán.

10. te a - la - ba - ré   por   la e - ter - ni - dad.

Lc 15:18
Lucien Deiss
Tr. al esp. por María Pilar de la Figuera

Lucien Deiss
Texto y música © 1966, WLP

Reconciliación / Reconciliation

ESTRIBILLO

Cantor/Todos

Da - nos, Se - ñor, un co - ra - zón nue - vo; de -
rra - ma en no - so - tros un es - pí - ri - tu nue - vo.

ESTROFA 1

Cantor

1. He a - quí que vie - nen dí - as, pa - la - bra del Se - ñor, en que yo ha -

Al Estribillo

1. ré con la ca - sa de Is - ra - el u - na a - lian - za nue - va.

ESTROFA 2

Cantor

2. Yo pon - dré mi ley en el fon - do de su ser

Al Estribillo

2. y la es - cri - bi - ré en su co - ra - zón.

ESTROFA 3

Cantor

Al Estribillo

3. Yo se - ré su— Dios y e - llos se - rán mi pue - blo.

ESTROFA 4

Cantor

4. Yo les per - do - na - ré to - das sus fal - tas,

Al Estribillo

4. no me a - cor - da - ré más de sus pe - ca - dos.

Estrib.: Ez 36:26
Estrofas: Jer 31:31–34
Lucien Deiss
Tr. al esp. por María Pilar de la Figuera

Lucien Deiss
Texto y música © 1966, WLP

Reconciliación / Reconciliation

103 Vaso Nuevo

ESTROFA 1

1. Gra - cias quie-ro dar - te por a - mar - me.

1. Gra - cias quie-ro dar - te yo a ti, Se - ñor.

1. Hoy soy fe - liz por - que___ te co-no - cí.

1. Gra - cias por a - mar - me___ a mí tam-bién.___

ESTRIBILLO

Yo quie-ro ser,___ Se-ñor a - ma - do,___

co - mo el ba - rro en ma - nos___ del al - fa - re - ro.

To-ma mi vi - da,___ haz-la de nue - vo.___

(Final)

Yo quie - ro ser___ un va - so nue - vo.

ESTROFA 2

2. Te co - no - cí y te a - mé.___

2. Te___ pe-dí per-dón___ y me es-cu-chas - te.

Reconciliación / Reconciliation

2. Sí, te o-fen- dí, per - dó - - na-me, Se- ñor; pues, te

Al Estribillo

2. a - mo y nun - ca_ te ol-vi- da- ré._

Popular carismático

Let Us Truly Love One Another
(G104 • K211)

Amémonos de Corazón   104

1., 4. A - mé - mo - nos de co - ra - zón,
2. _ ¿Có - mo pue - des tú o - rar
3. _ ¿Cuán - tas ve - ces de - bo yo

1. **2.**

1., 4. no de la-bios so - la - men - - te. men - te.
2. e - no-ja-do con tu her- ma - no? ma - no?
3. per - do-nar al que me o- fen - de? fen - de?

1., 4. Pa - ra cuan-do Cris- to ven- ga, pa-ra cuan-do Cris- to
2. Dios es-cu- cha la o- ra - ción, es - cu - cha la o- ra-
3. Se - ten - ta ve - ces sie - te, se - ten - ta ve - ces

1. **2.** *(Final)* (⌢)

1., 4. ven- ga nos en-cuen-tre bien u - ni- dos. ni - dos._
2. ción_ cuan-do es- tás re-con - ci - lia- do. lia - do._
3. sie - te, per - do- nar al que me o- fen- de. fen - de._

Tradicional

ESTRIBILLO

Cantor/Todos

Co - mo bro - tes de o - li - vo en tor - no a tu me - sa, Se -

ñor, a - sí son los hi - jos de la I - gle - sia.

ESTROFAS

Cantor

1. El que te - me al Se - ñor se - rá fe - liz,
2. Del tra - ba - jo de tus ma - nos co - me - rás;
3. Y tu es - po - sa en el me - dio de tu ho - gar
4. Co - mo bro - tes de un o - li - vo reu - ni - rás
5. El Se - ñor ben - de - ci - rá al hom - bre fiel
6. A los hi - jos de tus hi - jos los ve - rás:

Al Estribillo

1. fe - liz el que si - gue su ru - ta.
2. a ti, la a - le - grí - a, el go - zo.
3. se - rá co - mo vi - ña fe - cun - da.
4. los hi - jos en tor - no a tu me - sa.
5. con es - ta a - bun - dan - cia de bie - nes.
6. la glo - ria al Se - ñor, por los si - glos.

Estrofas: Sal 128
Lucien Deiss
Tr. al esp. por María Pilar de la Figuera

Lucien Deiss
Texto y música © 1964, WLP

Matrimonio / Marriage

ESTROFAS

1. A - mar es en - tre - gar - se ol - vi - dán - do - se de
2. A - mar co - mo a sí mis - mo en - tre - gar - se a los de -

1. sí,_____ bus - can - do lo que al o - tro_____
2. más;_____ a - sí no ha - brá e - go - ís - mo_____ que

1. pue - da ha - cer - le fe - liz;_____ bus - cer - le fe - liz.
2. no pue - da su - pe - rar;_____ a - da su - pe - rar.

ESTRIBILLO

¡Que lin - do es vi - vir pa - ra a - mar! ¡Que gran - de es te - ner

pa - ra dar! Dar a - le - grí - a, fe - li - ci - dad,

dar - se u - no mis - mo, e - so es a - mar. e - so es a - mar.

Tradicional

107 Acuérdate de Jesucristo

Keep in Mind
(G107 • K94)

KEEP IN MIND Irregular

ESTRIBILLO

Cantor/Todos

A - cuér - da - te de Je - su - cris - to re - su - ci -
ta - do de_en - tre los muer - tos. Él es nues - tra sal - va -
ción, nues - tra glo - ria pa - ra siem - pre.

ESTROFAS

Cantor

Al Estribillo

1. Si con él mo - ri - mos, vi - vi - re - mos con él.
   Si con él su - fri - mos, rei - na - re - mos con él.

Cantor

Al Estribillo

2. En él nues - tras pe - nas, en él__ nues - tro go - zo.
   En él la_es - pe - ran - za, en él__ nues - tro_a - mor.__
3. En él to - da gra - cia, en él__ nues - tra paz.__
   En él nues - tra glo - ria, en él la sal - va - ción.__

2 Tm 2:8–12
Lucien Deiss
Tr. al esp. por María Pilar de la Figuera

Lucien Deiss
Texto y música © 1966, WLP

108 Cristo, Recuérdame

Jesus, Remember Me
(G108 • K221)

OSTINATO

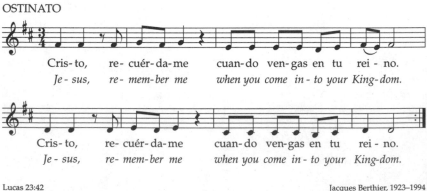

Cris- to, re - cuér - da - me cuan- do ven- gas en tu rei - no.
Je - sus, re - mem - ber me when you come in - to your King- dom.

Cris- to, re - cuér - da - me cuan- do ven- gas en tu rei - no.
Je - sus, re - mem - ber me when you come in - to your King- dom.

Lucas 23:42
Tr. al esp. por Felicia Fina

Jacques Berthier, 1923–1994
Texto y música © 1981, 1984, Les Presses de Taizé, pub. por GIA

Exequías / Funeral

Que los Ángeles Te Lleven **109**

ESTRIBILLO

Que los án-ge-les te lle-ven es-te dí-a___ al pa-ra-í-so y que

(⌢) (Final)

pue-das hoy en ple-ni-tud ver el ros-tro___ de nues-tro Dios.___

ESTROFAS

1. Que te re-ci-ban___ los már-ti-res con go-zo jun-to al
2. Que an-te el tro-no de su rei-no y de su glo-ria te co-

1. co-ro de los san-tos en el cie-lo, en com-pa-ñí-a___ de
2. lo-quen jun-to al to-do-po-de-ro-so con el ves-ti-do___ de

Al Estribillo

1. Lá-za-ro y los po-bres el des-can-so e-ter-no te con-ce-da Dios.
2. los que a-ho-ra ha-bi-tan en la nue-va ciu-dad de Je-ru-sa-lén.

In Paradisum

Eleazar Cortés
Texto y música © 2000, WLP

110   Entre Tus Manos

Into Your Hands
(G110 • K235)

ESTRIBILLO

En-tre tus ma-nos____ es-tá mi vi-da, Se-ñor;

en-tre tus ma-nos____ pon-go mi e-xis-tir.

Hay que mo-rir____ pa-ra vi-vir;

en-tre tus ma-nos____ con-fí-o mi ser.____

ESTROFAS

1. Si el gra-no____ de tri-go no mue-re,____
2. Es mi an-he-lo,____ y an-he-lo cre-cien-te____

1. si no mue-re____ só-lo que-da-rá;
2. en el sur-co,____ con-ti-go mo-rir;

1. pe-ro si mue-re,____ en a-bun-dan-cia da-rá
2. _ y fe-cun-da se-rá la si-mien-te, Se-ñor,

Al Estribillo

1. un fru-to e-ter-no____ que no mo-ri-rá.____
2. _ re-ves-ti-da____ de e-ter-no vi-vir.____

Ray Repp
Texto y música © 1966, K & R Music

Exequías / Funeral

ESTRIBILLO

¡A - le - lu - ya! ¡A - le - lu - ya!

ESTROFA 1

1. Gran - des, ma - ra - vi - llo - sas son tus o - bras,

Al Estribillo

1. Oh Se - ñor Dios om - ni - po - ten - te.

ESTROFA 2

Al Estribillo

2. Jus - tos, ver - da - de - ros tus ca - mi - nos, Oh Rey de los pue - blos.

ESTROFA 3

3. ¿Có - mo no te - mer - te, Se - ñor? ¿Quién no da - rá glo - ria a tu

Al Estribillo

3. nom - bre?, por - que só - lo tú e - res san - to.

ESTROFA 4

4. To - dos los pue - blos ven - drán a pos - trar - se an - te ti,

Al Estribillo

4. por - que se han ma - ni - fes - ta - do tus jui - cios.

Lucien Deiss
Tr. al esp. por María Pilar de la Figuera

Lucien Deiss
Texto y música © 1966, WLP

Dios, el Creador / God, the Creator

112 Oh Criaturas del Señor

LASST UNS ERFREUEN 88 8 88 con Estribillo

1. Oh, criaturas del Señor,
2. Vien - to ve - loz, po - ten - te a - lud,
3. Fuen - tes de a - gua de cris - tal,
4. Pró - di - ga tie - rra ma - ter - nal,
5. Con gra - ti - tud y con a - mor,

1. can - tad con me - lo - dio - sa voz:
2. nu - bes en cla - ro cie - lo a - zul:
3. a vues - tro Cre - a - dor can - tad:
4. que fru - tos brin - das sin ce - sar:
5. can - te la en - te - ra cre - a - ción:

1.-5. ¡A - la - bad - le! ¡A - le - lu - ya!

1. Ar - dien - te sol con tu ful - gor,
2. Sua - ve do - ra - do a - ma - ne - cer;
3. Oh, fue - go e - le - va tu lo - or,
4. Ri - ca co - se - cha, be - lla flor,
5. Al Pa - dre, al Hi - jo Re - den - tor

1. oh, lu - na de sua - ve es - plen - dor:
2. tu man - to, no - che al ex - ten - der:
3. tú que nos das luz y ca - lor:
4. mag - ni - fi - cad al Cre - a - dor:
5. y al E - ter - no Con - so - la - dor:

¡A - la - bad - le! ¡A - la - bad - le! ¡A - le - lu - ya!

¡A - le - lu - ya! ¡A - le - lu - ya!

Basado en Francisco de Asís, 1182–1226
Tr. al esp. anón.

Geistliche Kirchengesänge, Cologne, 1623

Dios, el Creador / God, the Creator

Santo, Santo, Santo **113**

NICAEA 11 12 12 10

1. San - to, san - to, san - to, Dios y Se - ñor nues - tro;
2. San - to, san - to, san - to, Dios y Pa - dre nues - tro;

1. can - ta tus gran - de - zas la her - mo - sa cre - a - ción;
2. hoy la I - gle - sia can - ta la o - bra de tu a - mor;

1. jun - to con sus vo - ces su - ba nues - tro can - to:
2. can - ten con no - so - tros án - ge - les y san - tos:

1.-2. ¡Ho - san - na, ho - san - na, ho - san - na a nues - tro Dios!

Tradicional

John B. Dykes, 1823–1876

Dios, el Creador / God, the Creator

114 Cantemos al Amor de los Amores

Let Us Sing to the Love of All Loves
(G114 • K18)

ESTROFAS

1. Can-te-mos al a-mor de los a-mo-res, can-te-mos al Se-
2. U-na-mos nues-tra voz a los can-ta-res del co-ro ce-les-
3. Los que bus-can so-laz en la tris-te-za y a-li-vio en el do-

1. ñor; ¡Dios es-tá a-quí! Ve-nid, a-do-ra-
2. tial; ¡Dios es-tá a-quí! Al Dios de los al-
3. lor; ¡Dios es-tá a-quí! Y vier-te a ma-nos

1. do-res, a-do-re-mos a Cris-to Re-den-tor.
2. ta-res a-la-be-mos con go-zo an-ge-li-cal.
3. lle-nas los te-so-ros de su di-vi-no a-mor.

ESTRIBILLO

¡Glo-ria a Cris-to Je-sús! ¡Cie-los y tie-rra, ben-de-

cid al Se-ñor! ¡Ho-nor y glo-ria a ti,___ Rey de la

glo-ria!___ ¡A-mor por siem-pre a ti, Dios del a-mor!___

I. Busca de Sagastizábal

Cristo Jesús / Jesus Christ

ESTRIBILLO

Todos

¡Cris - to   ven - ce!   ¡Cris - to   rei - na!

¡Cris - to,   Cris - to___   im - pe - ra!

ESTROFAS

Cantor/Coro

1. A - la - bad al Señor, todas las na - cio - nes;
2. Por - que_es grande su amor hacia no - so - tros,
3. Glo - ria_al Padre y al Hijo y al Espíritu San - to,

Al Estribillo

1. pregonad sus alabanzas,   pue - blos   to - dos.
2. y su fidelidad   es   e - ter - na.
3. como era en el principio, ahora y
   siempre, por los siglos de los   si - glos.   A - mén.

Estribillo: Aclamación de siglo VII   Tradicional
Estrofas: Sal 117

116 Gloria, Honor a Ti

Glory and Praise to You
(G116 • K27)

ESTRIBILLO

Todos
¡Glo - ria, ho - nor a ti, Se - ñor Je - sús!

ESTROFA 1

Cantor/Coro
1. Cris - to, ma - ni - fes - ta - do en la car - ne:

Todos   *Cantor/Coro*
1. ¡Glo - ria, ho - nor a ti! Cris - to, san - ti - fi -

Todos
1. ca - do en el Es - pí - ri - tu: ¡Glo - ria, ho - nor a

Cantor/Coro   *Al Estribillo*
1. ti! Cris - to, con - tem - pla - do por los án - ge - les:

ESTROFA 2

Cantor/Coro
2. Cris - to, pro - cla - ma - do en - tre los pa - ga - nos:

Todos   *Cantor/Coro*
2. ¡Glo - ria, ho - nor a ti! Cris - to, cre -

Todos
2. í - do en el mun - do: ¡Glo - ria, ho - nor a ti!

Cantor/Coro   *Al Estribillo*
2. Cris - to, e - xal - ta - do en la glo - ria:

1 Tim 3:16
Lucien Deiss
Tr. al esp. por María Pilar de la Figuera

Lucien Deiss
Texto y música © 1964, WLP

Cristo Jesús / Jesus Christ

ESTRIBILLO/REFRAIN

Cantor — *Todos/All*

Ven, oh Es - pí - ri - tu, Ven, oh Es - pí - ri - tu,
Come, Ho - ly Spir - it, Come, Ho - ly Spir - it,

Cantor — *Todos/All*

es - toy a - quí, es - toy a - quí.
I wait for you, I wait for you.

Cantor — *Todos/All*

Ven, oh Es - pí - ri - tu, Ven, oh Es - pí - ri - tu,
Come, Ho - ly Spir - it, Come, Ho - ly Spir - it,

Cantor — *Todos/All*

ha - bi - ta en mí, ha - bi - ta en mí.
come make me new, come make me new.

ESTROFAS/VERSES

Cantor

1. Des - de la tie - rra pe - di - mos tu luz.
2. *With hum - ble hearts we now ask for your light.*
3. Da - dor de vi - da tú e - res, Se - ñor.
4. *You are the one____ who gives us new life.*
5. Há - bla - nos hoy con tu pu - ra ver - dad.
6. *Speak to us now so we won't go a - stray.*
7. Da - nos tu fue - go y tu gran ful - gor.
8. *You come to earth in the form of a dove.*

Al Estribillo/To Refrain

1. Des - de la tie - rra a - do - ra - mos tu cruz.____
2. *You are the Spir - it, you show us your might.*____
3. Da - dor de do - nes, oh Con - so - la - dor.____
4. *You are the one who will save us from strife.*____
5. Guí - a - nos siem - pre con luz y bon - dad.____
6. *You are the one who will show us the way.*____
7. Mués - tra - nos co - mo vi - vir en a - mor.____
8. *Teach us to live with each oth - er in love.*____

Lorenzo Florián
Texto y música © 1994, WLP

Espíritu Santo / Holy Spirit

118 Tú Eres Bendito

You Are Blessed For Ever
(G118 • K61)

ESTRIBILLO

Oh Dios, tú e - res ben - di - to por to - dos los si - glos.

ESTROFAS

1. Glo - ria al Pa - dre, glo - ria al Hi - jo,
2. Co - mo e - ra en el prin - ci - pio,

Al Estribillo

1. y glo - ria al Es - pí - ri - tu San - to.
2. por si - glos sin fin, a - la - ban - za.

Rm 9:5
Lucien Deiss
Tr. al esp. por María Pilar de la Figuera

Lucien Deiss
Texto y música © 1966, WLP

Trinidad / Trinity

1. Glo - ria_a ti, ___ Pa - dre e - ter - no. Glo - ria_a ti, ___
2. Te_a - la - ba - mos, Pa - dre e - ter - no. Te_a - la - ba - mos,
3. Te_a - do - ra - mos, Pa - dre e - ter - no. Te_a - do - ra - mos,
4. Te ben - de - ci - mos, Pa - dre e - ter - no. Te ben - de - ci - mos,
5. Te_en - sal - za - mos, Pa - dre e - ter - no. Te_en - sal - za - mos,

1. *Glo - ry to you, ___ Fa - ther al - might - y. Glo - ry to you, ___*
2. *We wor - ship you, ___ Fa - ther al - might - y. We wor - ship you, ___*
3. *We ___ praise you, ___ Fa - ther al - might - y. We ___ praise you, ___*
4. *We ___ bless you, ___ Fa - ther al - might - y. We ___ bless you, ___*
5. *We give you thanks, ___ Fa - ther al - might - y. We give you thanks, ___*

1. Hi - jo de Dios. Glo - ria_a ti, ___ Es - pí - ri - tu San - to.
2. Hi - jo de Dios. Te_a - la - ba - mos, Es - pí - ri - tu San - to.
3. Hi - jo de Dios. Te_a - do - ra - mos, Es - pí - ri - tu San - to.
4. Hi - jo de Dios. Te ben - de - ci - mos, Es - pí - ri - tu San - to.
5. Hi - jo de Dios. Te_en - sal - za - mos, Es - pí - ri - tu San - to.

1. *Son ___ of God. Glo - ry to you, ___ O Ho - ly Spir - it.*
2. *Son ___ of God. We wor - ship you, ___ O Ho - ly Spir - it.*
3. *Son ___ of God. We ___ praise you, ___ O Ho - ly Spir - it.*
4. *Son ___ of God. We ___ bless you, ___ O Ho - ly Spir - it.*
5. *Son ___ of God. We give you thanks, O Ho - ly Spir - it.*

Tres en u - no, San - tí - si - ma Tri - ni - dad. ___

Three in one, ___ O Ho - ly Trin - i - ty. ___

Te Deum

Lorenzo Florián
Texto y música © 2000, WLP

ESTRIBILLO

He a - quí la mo - ra - da de Dios en - tre los hom - bres; e - llos se - rán su

pue - blo, y "Dios con e - llos" se - rá su Dios.

ESTROFAS

Cantor

1. Pue - blo con - vo - ca - do por el ver - bo de
2. Tem - plo con - stru - i - do por pro - fe - tas y a -
3. Pue - blo na - ci - do en las a - guas del bau -
4. Pue - blo in - jer - ta - do en Cris - to, vi - ña
5. Pue - blo sa - cia - do por el Cuer - po del Se -
6. Pue - blo que ce - le - bra a Cris - to, pas - cua
7. Pue - blo a quien la gra - cia de Cris - to jus - ti -
8. Pue - blo que Dios se ad - qui - rió pa - ra a - la -
9. Pue - blo a - rrai - ga - do en la fe y el a -
10. Pue - blo que can - ta la glo - ria de Dios

1. Dios; Pue - blo reu - ni - do al -
2. pós - to - les; Tem - plo en que Cris - to es la
3. tis - mo; Pue - blo mar - ca - do por el
4. san - ta; Vi - ña fe - cun - da en
5. ñor; Pue - blo que be - be la
6. nue - va; Pue - blo que pa - sa de la
7. fi - ca; Pue - blo he - re - de - ro de la
8. bar - le; Pue - blo lla - ma - do de las
9. mor; Pue - blo que tie - ne en
10. Pa - dre; Por Je - su - cris - to, su

Iglesia / Church

1. re - de - dor de Cris - to; Pue - blo que es - cu - cha a su
2. pie - dra an - gu - lar; San - ta mo - ra - da de
3. se - llo del Es - pí - ri - tu; Pue - blo men - sa - je - ro de su
4. fru - tos de vi - da; Vi - ña que el Pa - dre plan-
5. San - gre de Cris - to; Pue - blo in - vi - ta - do por
6. muer - te a la vi - da; Pue - blo que Dios se ad - qui-
7. vi - da e - ter - na; Pue - blo re - al, pue - blo
8. som - bras a la luz; Pue - blo i - lu - mi - na - do por
9. Cris - to su es - pe - ran - za; Pue - blo reu - ni - do en
10. Hi - jo el Se - ñor; En el Es - pí - ri - tu

Todos   *Al Estribillo*

1. Dios,
2. Dios,
3. Dios,

4. tó,
5. Dios,
6. rió,   I - gle - sia del Se - ñor.

7. san - to,
8. Cris - to,
9. Cris - to,
10. San - to,

Ap 21:3
Lucien Deiss
Tr. al esp. por María de la Figuera

Lucien Deiss
Texto y música © 1966, WLP

Iglesia / Church

121 Pueblo de Reyes

Priestly People
(G121 • K49)

ESTRIBILLO

Pue - blo de re - yes, a - sam - ble - a san - ta, pue - blo sa - cer - do-

tal, pue - blo de Dios, ben - di - ce a tu Se - ñor.

ESTROFAS

1. Te can - ta - mos, oh Hi - jo a - ma - do del
2. Te can - ta - mos, oh Hi - jo de la Vir - gen Ma -
3. Te can - ta - mos a ti,___ Es - plen - dor___ de la
4. Te can - ta - mos, oh Luz___ que i - lu - mi - nas nues - tras
5. Te can - ta - mos, Me - sí - as que a - nun - cia - ron los pro -
6. Te can - ta - mos, Me - sí - as es - pe - ra - do por los
7. Te can - ta - mos, Me - dia - dor___ en - tre Dios___ y los
8. Te can - ta - mos, Sa - cer - do - te de la Nue - va A -
9. Te can - ta - mos, Cor - de - ro de la Pas - cua e -

1. Pa - dre; Te a - la - ba - mos, e - ter - na Pa -
2. rí - a; Te a - la - ba - mos, oh Cris - to, nues - tro her -
3. glo - ria; Te a - la - ba - mos, Es - tre - lla ra -
4. som - bras; Te a - la - ba - mos, An - tor - cha de la
5. fe - tas; Te a - la - ba - mos, oh Hi - jo de A - bra -
6. po - bres; Te a - la - ba - mos, oh Cris - to, nues - tro
7. hom - bres; Te a - la - ba - mos, oh Ru - ta vi -
8. lian - za; Te a - la - ba - mos; tú e - res nues - tra
9. ter - na; Te a - la - ba - mos, oh Víc - ti - ma que

Al Estribillo

1. la - bra sa - li - da de Dios.___
2. ma - no,___ nues - tro Sal - va - dor.___
3. dian - te que a - nun - cias el dí - a.
4. Nue - va Je - ru - sa - lén.___
5. hán e___ Hi - jo de Da - vid.___
6. Rey de hu - mil - de co - ra - zón.___
7. vien - te, Ca - mi - no de la cruz.___
8. paz por la san - gre de la cruz.___
9. bo - rras___ nues - tros pe - ca - dos.

1 Pe 2:9
Lucien Deiss
Tr. al esp. por María Pilar de la Figuera

Lucien Deiss
Texto y música © 1966, WLP

Iglesia / Church

ESTRIBILLO

Cantor/Todos

Hi - ja de Si - ón, a - lé - gra - te, por - que el Se -

ñor es - tá en ti, Sal - va - dor y Rey.

ESTROFAS

Cantor

1. Álzate y resplandece porque   vie - ne   tu   luz,_____
2. Hacia tu luz camina   -   rán   las   na - cio - nes
3. Verás todo esto ra   -   dian - te   de   go - zo,
4. Te llamarán "Ciu   -   dad   del   Se - ñor,"_____
5. Ya no será el sol tu   luz   en   el   dí - a
6. No se ocultará   nun - ca   tu   lu - na

1. Sobre ti se alza la gloria   del   Se - ñor;_____
2. Y los reyes al fulgor   de   tu au - ro - ra.
3. Te llenarás   de e - mo - ción_____
4. "Sión del Santo   de Is - ra - el,"_____
5. Ni te alumbrará la claridad   de   la   lu - na
6. Ni tu sol conocerá   el   o - ca - so

1. Mientras las ti   -   nieblas se ex   -   tienden por la   tie - rra
2. Alza los   ojos y   mira alrede   -   dor,_____
3. Porque te   llegan las ri   -   quezas de las   gen - tes
4. Porque haré de   ti un ob   -   jeto de or   -   gu - llo
5. Porque el Señor se - rá tu   luz e   -   ter - na
6. Porque el Señor se - rá tu   luz e   -   ter - na

Al Estribillo

1. Y están   los   pueblos en   ple   -   na os - cu - ri - dad.
2. Todos   tus   hi   -   jos____   vie - nen   a   ti.
3. Y vienen   a   ti los   te   -   so - ros del mar.
4. Causa de a - le - gría   por____   la e - ter - ni - dad.
5. Y tu   be - lleza   se   -   rá____   tu Dios.
6. Los días de   tu   duelo lle   -   ga - ron   a____   su fin.

So 3:14–17
Lucien Deiss
Tr. al esp. por María Pilar de la Figuera

Lucien Deiss
Texto y música © 1966, WLP

Iglesia / Church

123 Pueblo Libre

A People of Freedom
(G123 • K258)

ESTRIBILLO

Pue - blo li - bre que vas ca-mi- nan-do por las a-guas

de la vi - da,_____ pue - blo li - bre que

vas ca-mi- nan-do con gran fe y re - li - gión._____

ESTROFAS

1. Hay que ser muy con - cien-tes,_____ hay que ser muy con -
2. Hay que ser a - tre - vi-dos,_____ hay que ser a - tre -
3. Hay que ser en - tre - ga-dos,_____ hay que ser en - tre -

1. cien-tes de la pa - la - bra que nos da vi - da,_____
2. vi- dos y de - ci - di-dos a dar la vi - da._____
3. ga-dos co-mo el gran Cris- to cru - ci - fi - ca-do,_____

1. Y no te - ner - le mie-do,_____ y no te - ner - le
2. To-men sus de - ci - sio-nes,_____ to-men sus de - ci -
3. Y dar se - ñal de vi-da,_____ y dar se - ñal de

Al Estribillo

1. mie- do al mun-do en - te - ro por prac - ti - car - la._____
2. sio-nes y con - se - cuen-cias y con - se - cuen-cias._____
3. vi - da al mun-do en - te - ro, al mun-do en - te - ro._____

Tradicional

124 Somos el Pueblo de Dios

We Are the People of God
(G124 • K56)

ESTRIBILLO/REFRAIN

Here in the pres - ence of God, gath-ered all_____

Iglesia / Church

in love, we tell our stories; we share our dreams and our memories. Te - ne - mos des - ti - nos, __ y so - mos fa - mi - lia. __ We are the peo - ple of God. __ So - mos el pue - blo de Dios.

ESTROFAS/VERSES

1. O __ peo - ple of all col - ors and creeds, __
2. O __ peo - ple of all tal - ents and gifts, __
3. O __ peo - ple of all sta - tus and age, __

1. le - van - ta __ tu voz a tu
2. den __ gra - cias __ por es - tos re -
3. de las mon - ta - ñas, __ de __ los

1. Dios. __ Let the earth __ cry out for
2. ga - los. Let all chil - dren sing out __
3. lla - nos. Let us walk __ hum - bly in

1. joy. __ We are the peo - ple of God. __
2. loud. __ We are the peo - ple of God. __
3. love. __ For we are the peo - ple of God. __ Por - que

Al Estribillo/To Refrain

1. So - mos el pue - blo de Dios. __
2. So - mos el pue - blo de Dios. __
3. so - mos el pue - blo de Dios. __

Lupe Gutiérrez
Tr. al esp. por Robert Garden

Lupe Gutiérrez
Texto y música © 1993, WLP

Iglesia / Church

125 Un Mandamiento Nuevo
(Tradicional)

A New Commandment
(G125 • K62)

ESTRIBILLO

Un man - da - mien - to nue - vo nos da el Se - ñor,

Que nos a - me - mos to - dos co - mo nos a - ma Dios.

ESTROFAS

1. La se - ñal de los cris - tia - nos
2. Quien a sus her - ma - nos no a - ma,
3. Cris - to, Luz, Ver - dad y Vi - da,
4. Per - do - ne - mos al her - ma - no,
5. Co - mul - gue - mos con fre - cuen - cia
6. Qui - ten o - dios y ren - co - res
7. Si al en - fer - mo vi - si - ta - mos,
8. En la vi - da y en la muer - te,
9. En tra - ba - jos y fa - ti - gas,
10. Glo - ria al Pa - dre, glo - ria al Hi - jo,

Al Estribillo

1. es a - mar - nos co - mo her - ma - nos.
2. mien - te si a Dios di - ce que a - ma.
3. al per - dón y a - mor in - vi - ta.
4. co - mo Cris - to ha or - de - na - do.
5. pa - ra a - mar - nos a con - cien - cia.
6. de to - dos los co - ra - zo - nes.
7. a Dios mis - mo con - so - la - mos.
8. Dios nos a - ma pa - ra siem - pre.
9. Cris - to a to - dos nos a - ni - ma.
10. y al Es - pí - ri - tu Di - vi - no.

Tradicional

Discipulado / Discipleship

Un Mandamiento Nuevo 126
(Otra Melodía)

ESTRIBILLO

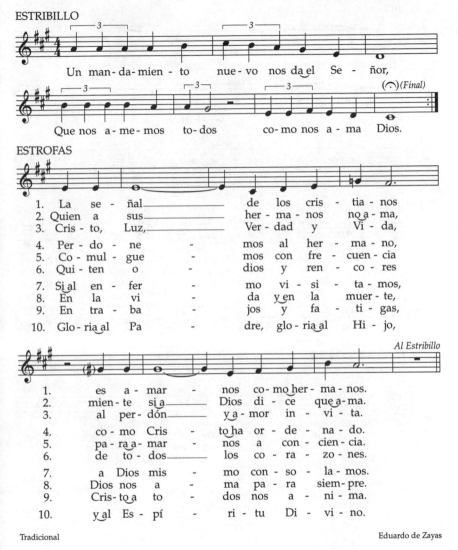

Un man-da-mien - to   nue-vo nos da el Se - ñor,

Que nos a - me- mos   to-dos   co-mo nos a - ma   Dios.

ESTROFAS

1. La   se - ñal_____ de los cris - tia - nos
2. Quien a   sus_____ her - ma - nos no a - ma,
3. Cris - to, Luz,_____ Ver - dad y   Vi - da,

4. Per - do - ne   -   mos al her - ma - no,
5. Co - mul - gue   -   mos con fre - cuen - cia
6. Qui - ten   o   -   dios y ren - co - res

7. Si al en - fer   -   mo vi - si - ta - mos,
8. En la vi   -   da y en la muer - te,
9. En tra - ba   -   jos y fa - ti - gas,

10. Glo - ria al Pa   -   dre, glo - ria al Hi - jo,

Al Estribillo

1.   es a - mar - nos co - mo her - ma - nos.
2.   mien - te si a____ Dios di - ce que a - ma.
3.   al per - dón____ y a - mor in - vi - ta.

4.   co - mo Cris - to ha or - de - na - do.
5.   pa - ra a - mar - nos a con - cien - cia.
6.   de to - dos____ los co - ra - zo - nes.

7.   a Dios mis - mo con - so - la - mos.
8.   Dios nos a - ma pa - ra siem - pre.
9.   Cris - to a to - dos nos a - ni - ma.

10.   y al Es - pí - ri - tu Di - vi - no.

Tradicional   Eduardo de Zayas

127 Con la Cruz

ESTRIBILLO

Con la cruz__ ven - ce - re - mos, co -
mo Je-sús__ vi - vi - re - mos, y a la luz__
se - gui - re - mos. En-con-tra - re-mos el rei-no de Dios.

ESTROFAS

1. El que quie-ra se-guir a Je-sús   de-be-rá re-nun-
2. __ Fe - li-ces son los per-se-gui-dos,   los que su-fren por
3. __ La muer-te es-tá ya ven - ci-da.   Es-pe-ra-mos la

1. ciar a sí mis-mo,   y car-gar con su pro - pia
2. cau - sa del bien.   _____ Cris - to nos ha pro-me-
3. re - su-rrec - ción   _____ y la se-gun-da ve-

Al Estribillo

1. cruz   y se-guir en los pa-sos de Cris-to.
2. ti-do   _ el pre-mio del rei-no tam-bién.
3. ni-da   _ de Cris-to Je-sús, sal-va - dor.

Pedro Rubalcava
Texto y música © 1994, WLP

ESTROFAS/VERSES

Cantor

1. Al Se-ñor de e-ter - ni - dad,_____
2. Soy un sir-vien-te del__ Se - ñor,_____
3. Pa-ra el sue - ño que ten-go hoy,_____
4. Co-mo Job, in-ce-san-ta-men - te,

Di-go

1. *To the God who can - not die,_____*
2. *I'm a serv-ant of__ the Lord,_____*
3. *For the dream I have__ to - day,_____*
4. *Like that of Job, un-ceas - ing-ly,_____*

I say

Cantor

"Sí," Se - ñor.__

"Yes," my Lord.__

1. Al Se -
2. y tra -
3. Pa - ra cu -
4. Co - mo Ma -

1. *To the*
2. *I'm a*
3. *To be a*
4. *Like that of*

Todos/All

Di - go "Sí," Se - ñor.__

I say "Yes," my Lord.__

1. ñor__ que__ me es-cu - cha,
2. ba - jo en__ los cam - pos,
3. rar a los que es-tán su-frien - do,
4. rí - a com-ple-ta-men - te,

1. *one who hears__ me cry,_____*
2. *work-er in__ the fields,_____*
3. *heal-er of__ all pain,_____*
4. *Ma-ry whole-heart-ed - ly,_____*

Di-go "Sí," Se - ñor._____

I say "Yes," my Lord._____

Todos/All

Di-go

I say

⟹

Digo Sí, Señor – *continuación*

Cantor

1. Al__ Dios de los__ o - pri - mi -
2. Soy un pri - sio - ne - ro de__ sus__ gue -
3. Pa - ra a a - mar a mis__ e - ne - mi -
4. Co - mo Da - vid en u - na can - ción,__

1. *To the God of the__ op - pressed,_*
2. *I'm a pris - 'ner of__ their__ wars,_*
3. *And to come to love my en - e - mies,_*
4. *Like__ that of Da - vid in__ a__ song,_*

"Sí," Se - ñor._
"Yes," my Lord._

1. - dos,__
2. - rras,__
3. - gos,__
4. _____

Di-go "Sí," Se-ñor._
I say "Yes," my Lord._

1. Al__
2. Co - mo un po - lí -
3. Pa - ra tu
4. Co - mo Is - ra -

1. *To the*
2. *Like a po - li -*
3. *For your*
4. *Like__ Is - ra -*

Todos/All

Di-go "Sí," Se - ñor._
I say "Yes," my Lord._

Cantor

1. Dios__ de__ jus - ti - cia,
2. ti - co in - e - vi - ta - ble,
3. paz en los__ go - bier - nos,
4. el, lle - no de es - pe - ran - za,

1. *God__ of__ all jus - tice,*
2. *ti - cian in - e - vi - ta - bly,____*
3. *peace in all__ the world,____*
4. *el for you__ I long,____*

Di - go
I say

Cantor

"Sí," Se - ñor.
"Yes," my Lord.

Todos/All

Di - go "Sí," Se - ñor.
I say "Yes," my Lord.

ESTRIBILLO/REFRAIN

Todos/All

Di - go "Sí," Se - ñor,— en tiem-pos ma - los en
I say "Yes," my Lord,— in all the good— times, through

tiem - pos bue - nos. Di - go "Sí," Se - ñor,— a
all the bad times. I say "Yes," my Lord,— to

to - do lo— que ha- blas.—
ev - 'ry word— you speak.—

Donna Peña
Texto y música © 1989, GIA

Discipulado / Discipleship

129 Alzad la Cruz

CRUCIFER 10 11 con Estribillo

Lift High the Cross
(G129 • K6)

ESTRIBILLO

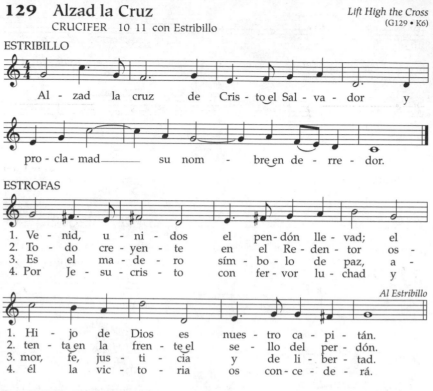

Al - zad la cruz de Cris-to el Sal - va - dor y
pro - cla - mad_____ su nom - bre en de - rre - dor.

ESTROFAS

1. Ve - nid, u - ni - dos el pen-dón lle - vad; el
2. To - do cre - yen - te en el Re - den - tor os -
3. Es el ma - de - ro sím - bo - lo de paz, a -
4. Por Je - su - cris - to con fer - vor lu - chad y

Al Estribillo

1. Hi - jo de Dios es nues - tro ca - pi - tán.
2. ten - ta en la fren - te el se - llo del per - dón.
3. mor, fe, jus - ti - cia y de li - ber - tad.
4. él la vic - to - ria os con - ce - de - rá.

George W. Kitchin, 1827–1912, alt.
Michael R. Newbolt, 1874–1956, alt.
Tr. al esp. por Skinner Chávez-Melo, 1944–1992

Sydney H. Nicholson, 1875–1947
Texto y música © 1974, 1987, Hope Publishing Co.

130 Quiero Servirte, Mi Señor

I Want to Serve You, My Lord
(G130 • K53)

ESTRIBILLO

Quie - ro ser-vir - te, mi Se - ñor._____

E - res mi vi - da, mi a - mor._____

Quie - ro ha - cer_____ tu vo - lun - tad,_____

siem - pre a tu la - do mi Sal - va - dor._____

Discipulado / Discipleship

ESTROFAS

1. Da - me po - der___ pa - ra ven - cer,___ da - me la
2. Da - me po - der___ pa - ra vi - vir,___ haz - me ca -

Al Estribillo

1. luz___ ha - cia la cruz.___
2. paz___ ver a tu faz.___

Lorenzo Florián
Texto y música © 1981, GIA

Hear the Call
(G131 • K255)

Oye el Llamado **131**

ESTROFAS

1. Te - ne - bro - sas e - ran___ in -
2. La vi - da sin Cris - to___ es
3. A - cép - ta - le a Cris - to,___ Se -

1. men - sas ti - nie - blas;___ des - pre - cian la
2. u - na qui - me - ra;___ tan só - lo es e -
3. ñor de se - ñor - es;___ tam - bién él pre -

1. voz___ de Cris - to el Se - ñor.___
2. ter - na___ en Cris - to el Se - ñor.___
3. pa - ra un___ lu - gar pa - ra ti.___

ESTRIBILLO

O - ye el___ lla - ma - do;___ te di - ce que vuel - vas.___

Él quie - re lle - var - te___ por sen - da me - jor.___

Tradicional

Discipulado / Discipleship

Led By the Hand of Jesus
(G132 • K271)

ESTRIBILLO

To-ma-do de la ma-no con Je-sús yo— voy, le si-go co-mo o-

ve-ja que en-con-tró al pas - tor. To-ma-do de la ma-no con Je-sús yo—

1. voy a-don-de él va.—

2. voy a-don-de él va.—

A las Estrofas

ESTROFA 1

1. Si Je - sús me di-ce, "A- mi-go, de - ja to-do y ven con -

1. mi - go don - de to-do es más her - mo-so y más fe -

1. liz";— si Je - sús me di - ce, "A -

1. mi - go, de - ja to-do y ven con - mi-go," yo mi

Al Estribillo

1. ma-no pon-dré en la— su - ya e i-ré con él.—

ESTROFA 2

2. Yo te lle-va - ré, a - mi-go, a un lu - gar con -

2. mi-go, don-de el sol y las es - tre-llas aún bri - llan

Discipulado / Discipleship

2. más._____ Yo te lle-va-ré, a -

2. mi-go, a un lu-gar con - mi-go, don-de

Al Estribillo

2. to-do es más her - mo-so y más fe - liz._____

Popular carismático

Let Us Bless the Lord
(G133 • K12)

Bendigamos al Señor **133**

ORIENTIS PARTIBUS 77 77 5

1. Ben - di - ga - mos al Se - ñor, que nos u - ne en
2. Con - ser - ve - mos la u - ni - dad que el Ma - es - tro
3. El Se - ñor nos or - de - nó de vol - ver el
4. Al que vi - ve en el do - lor, y al que su - fre en
5. El Se - ñor que nos lla - mó a vi - vir en

1. ca - ri - dad, y nos nu - tre con su a - mor,
2. nos man - dó; don-de hay gue - rra, que ha - ya paz,
3. bien por mal, ser tes - ti - gos de su a - mor
4. so - le - dad, en - tre - gue - mos nues - tro a - mor
5. u - ni - dad, nos con - gre - gue con su a - mor

1. en el pan de la u - ni - dad. ⎫
2. don-de hay o - dio, que ha-ya a-mor. ⎪
3. per - do - nan-do de ver-dad. ⎬ ¡Oh Pa - dre nues - tro!
4. y con - sue - lo fra - ter - nal. ⎪
5. en fe - liz e - ter - ni - dad. ⎭

Tradicional

Pierre de Corbeil, c. 1190–1222

134 Un Solo Señor

ESTRIBILLO

Un so - lo Se-ñor, u-na so-la fe, un so - lo bau-tis - mo,—

— un so - lo Dios y Pa - dre.

ESTROFA 1

1. Lla - ma-dos a guar-dar la u-ni - dad del Es - pí - ri - tu

Al Estribillo

1. por el vín-cu-lo de la paz, can - ta - mos y pro-cla - ma-mos:

ESTROFA 2

2. Lla - ma-dos a for-mar un so - lo cuer - po en un mis - mo Es-

Al Estribillo

2. pí - ri - tu, can - ta - mos y pro-cla - ma - mos:

ESTROFA 3

3. Lla - ma - dos a com-par-tir u - na mis - ma es - pe -

Al Estribillo

3. ran - za en Cris - to, can - ta - mos y pro-cla - ma-mos:

Ef 4:4–6
Lucien Deiss
Tr. al esp. por María Pilar de la Figuera

Lucien Deiss
Texto y música © 1964, WLP

ESTROFAS

1. U - na mi - ra - da   de   fe,   u - na   mi - ra - da   de
2. U - na mi - ra - da   de a - mor,   u - na   mi - ra - da   de a -
3. Es la mi - ra - da   de   Dios,   es   la   mi - ra - da   de

1. fe   es   la   que   pue - de   sal - var   al   pe - ca - dor.
2. mor es   la   que   pue - de   sal - var   al   pe - ca - dor.
3. Dios, es la   que   pue - de   sal - var   al   pe - ca - dor.

ESTRIBILLO

Y   si   tú   vie - nes   a   Cris - to   Je - sús, _____   él   te   per -

do - na - rá,   por - que   u - na   mi - ra - da   de   fe

es   la   que   pue - de   sal - var   al   pe - ca - dor.

Tradicional

136 Eres el Camino
(Camino, Verdad y Vida)

ESTROFAS/VERSES

Cantor

1. Make us a way worth walk-ing, pil-grim
2. De tu ver-dad haz-nos dig-nos, un pue-blo
3. Make us a life worth liv-ing, full of

1. peo-ple in mo-tion, a road that leads to wis-dom,
2. muy com-pa-si-vo. Haz-nos pa-la-bra vi-va,
3. vi-sion and cour-age, a peo-ple kind and giv-ing,

1. call-ing each to the jour-ney. Oh haz-nos la
2. sien-do el cuer-po de Cris-to. O give us in-
3. bound for free-dom and jus-tice. Ben-di-ga tu

1. sen-da ha-cia la paz; u-na voz que va pro-cla-man-do:
2. teg-ri-ty so our deeds shine with gos-pel glo-ry.
3. pue-blo, oh Se-ñor: u-na só-la I-gle-sia en Je-su-cris-to.

ESTRIBILLO/REFRAIN

Todos/All

E-res el ca-mi-no, e-res la ver-dad.

God of all life, send your wis-dom a-mong us.

Show us the way, teach us the truth. Da-nos tu vi-da,

lle-na-nos con tu es-pí-ri-tu.

Rory Cooney
Tr. al esp. por Jaime Cortéz y Jeff Judge

Gary Daigle
Texto y música © 1999, GIA

Fe / Faith

Pues Si Vivimos 137

1. Pues si vi-vi-mos, ____ pa-ra él vi-vi-mos,
2. En es-ta vi-da ____ fru-tos hay que dar ____
3. En la tris-te-za ____ y en ___ el do-lor, ____
4. En es-te mun-do ____ por do-quier ha-brá ____

1. When we are liv-ing, ____ it is in Christ Je-sus,
2. Through all our liv-ing, ____ we our fruits must give. ____
3. 'Mid times of sor-row ____ and in times of pain, ____
4. A-cross this wide world, ____ we shall al-ways find ____

1. y si mo-ri-mos ____ pa-ra él mo-ri-mos.
2. y bue-nas o-bras ____ he-mos de o-fren-der ____
3. en la be-lle-za ____ y en ___ el a-mor, ____
4. gen-te que llo-ra ____ y sin con-so-lar. ____

1. and when we're dy-ing, ____ it is in the Lord. ____
2. Good works of ser-vice ____ are for of-fer-ing. ____
3. when sens-ing beau-ty ____ or in love's em-brace, ____
4. those who are cry-ing ____ with no peace of mind; ____

1. Sea que vi-va-mos ____ o que mu-ra-mos,
2. se-a que de-mos ____ o re-ci-ba-mos,
3. sea que su-fra-mos ____ o que go-ce-mos,
4. Sea que a-yu-de-mos ____ o a-li-men-te-mos,

1. Both in our liv-ing ____ and in our dy-ing,
2. When we are giv-ing, ____ or when re-ceiv-ing,
3. wheth-er we suf-fer, ____ or sing re-joic-ing,
4. and when we help them, ____ or when we feed them,

1.–4. so-mos del Se-ñor, ____ so-mos del Se-ñor.
1.–4. we be-long to God, ____ we be-long to God.

Estrofa 1 basada en Rm 14:8
Estrofas 2–4: Roberto Escamilla
Tr. al ing. por Elise Eslinger (estrofa 1) y George Lockwood (estrofas 2–4)
Texto (estrofas 2–4) © 1983, Abingdon Press, admin. por The Copyright Company
Tr. al ing. (estrofas 2–4) © 1989, The United Methodist Publishing House, admin. por The Copyright Company

Tradicional Latinoamericana

Fe / Faith

138 Un Solo Señor

Only One Lord, One Faith
(G138 • K272)

ESTRIBILLO

Un so - lo Se - ñor, u - na so - la fe,

hay un so - lo bau - tis - mo en la fuen - te de a - gua vi - va.___

(⌢)(Final)

Hay un so - lo bau - tis - mo en la fuen - te de a - gua vi - va.

ESTROFAS

♪=♪
Cantor/Todos*

1. Co - mo cae a - gua___ del cie - lo___ y da
2. Co - mo bus - ca el___ ve - na - do___ _ el
3. El que ten - ga sed___ de vi - da___ _ que
4. Nun - ca más ten - dre - mos sed si be -
5. Y a - sí nos re - ves - ti - mos___ _ por

1. vi - da a___ la tie - rra,___ el a - mor de Dios___ des -
2. a - gua de___ los rí - os,___ a - sí bus - ca pues___ mi
3. ven - ga a Cris - to y be - ba,___ por - que si en él___ cre -
4. be - mos de es - te a - gua,___ pues el a - gua de___ la
5. ser sus e - le - gi - dos.___ Dios nos tie - ne com - pa -

1.   2.   Al Estribillo
                  ♪=♪

1. cien - de y da vi - da a___ su pue - blo.___ pue - blo.___
2. al - ma, _ O Dios es - tar___ con - ti - go.___ ti - go.___
3. e - mos, bro - ta - rá el a - gua vi - va.___ vi - va.___
4. vi - da nos da - rá la vi - da e - ter - na.___ ter - na.___
5. sión _ _ por ser sus muy_ que - ri - dos.___ ri - dos.___

Pedro Rubalcava
Texto y música © 1995, WLP

*Para cada estrofa: primera vez por el cantor sólo; se repite con todos.
For each verse: first time by solo cantor; all repeat

ESTRIBILLO

Si yo no ten-go a-mor, yo na - da soy, Se- ñor.

Si yo no ten-go a- mor, yo na - da soy, Se- ñor.

ESTROFAS

1. El a - mor es com-pren - si - vo; el a -
2. El a - mor nun - ca se i - rri - ta; el a -
3. El a - mor dis - cul - pa to - do; el a -
4. El a - mor so - por - ta to - do; el a -
5. Nues - tra fe, nues-tra es - pe - ran - za, fren - te a

1. mor es ser - vi - cial; el a - mor no tie - ne en -
2. mor no es des - cor - tés; el a - mor no es e go -
3. mor es ca - ri - dad. No se a - le - gra de lo in -
4. mor to - do lo cree; el a - mor to - do lo es -
5. Dios ter - mi - na - rá. El a - mor es al - go e -

Al Estribillo

1. vi - dia; el a - mor no bus - ca el mal._____
2. ís - ta; el a - mor nun-ca es do - blez._____
3. jus - to; só - lo go - za en la ver - dad._____
4. pe - ra; el a - mor es siem - pre fiel._____
5. ter - no; nun - ca, nun - ca pa - sa - rá._____

Tradicional

Amor / Love

ESTRIBILLO/REFRAIN

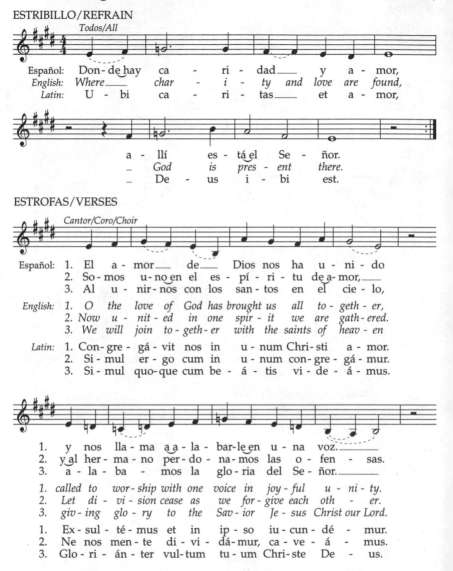

Español: Don-de hay ca - ri - dad___ y a - mor,
English: Where___ char - i - ty and love are found,
Latin: U - bi ca - ri - tas___ et a - mor,

a - llí es - tá el Se - ñor.
_ God is pres - ent there.
_ De - us i - bi est.

ESTROFAS/VERSES

Cantor/Coro/Choir

Español: 1. El a - mor___ de___ Dios nos ha u - ni - do
2. So - mos u - no en el es - pí - ri - tu de a - mor,___
3. Al u - nir - nos con los san - tos en el cie - lo,

English: 1. O the love of God has brought us all to - geth - er,
2. Now u - nit - ed in one spir - it we are gath - ered.
3. We will join to - geth - er with the saints of heav - en

Latin: 1. Con - gre - gá - vit nos in u - num Chri - sti a - mor.
2. Si - mul er - go cum in u - num con - gre - gá - mur.
3. Si - mul quo - que cum be - á - tis vi - de - á - mus.

1. y nos lla - ma a a - la - bar - le en u - na voz.___
2. y al her - ma - no per - do - na - mos las o - fen - sas.
3. a - la - ba - mos la glo - ria del Se - ñor.___

1. called to wor - ship with one voice in joy - ful u - ni - ty.
2. Let di - vi - sion cease as we for - give each oth - er.
3. giv - ing glo - ry to the Sav - ior Je - sus Christ our Lord.

1. Ex - sul - té - mus et in ip - so iu - cun - dé - mur.
2. Ne nos men - te di - vi - dá - mur, ca - ve - á - mus.
3. Glo - ri - án - ter vul - tum tu - um Chri - ste De - us.

1. Te - me - re - mos y a - ma - re - mos al Dios vi - vo
2. Ol - vi - da - mos las in - ju - rias y los o - dios,
3. Con gran go - zo nos i - re - mos a - cer - can - do

1. *Let us learn to love and fear God all our lives,___*
2. *Let us bring an end to harm - ful words and deeds___*
3. *With tre - men - dous joy we sing in ad - o - ra - tion*

1. Ti - me - á - mus et a - mé - mus De - um vi - vum.
2. Ces - sent iúr - gi - a ma - líg - na, ces - sent li - tes.
3. Gaú - di - um, quod est im - mén - sum at - que pro - bum.

Al Estribillo/To Refrain

1. y de to - do co - ra - zón le a - la - ba - re - mos.
2. pues a - sí vi - ve Je - sús en - tre no - so - tros.
3. al que rei - na por los si - glos de los si - glos.

1. *al - ways with sin - cer - i - ty and faith - ful - ness of heart.*
2. *for___ dwell - ing in our midst is Christ the liv - ing God.*
3. *to the God who was, who is, and ev - er - more shall be.*

1. Et ex cor - de di - li - gá - mus nos sin - cé - ro.
2. Et in mé - di - o no - stri sit Chri - stus De - us.
3. Sáe - cu - la per in - fi - ní - ta sae - cu - ló - rum.

Ubi caritas
Tr. al esp. e ing. por Cheryl Aranda

Cheryl Aranda
Texto (esp. e ing.) y música © 2000, WLP

Love, Love
(G141 • K8)

Amor, Amor 141

1 A - mor, a - mor, a - mor, a - mor; **2** her - ma - no

3 mí - o, Dios es a - mor. A - ma a to - dos

(⌒)(Final)
co - mo her - ma - nos: Dios es a - mor.

Tradicional

Se canta en canon; los números indican la entrada de cada voz.
This piece is sung in canon; the numbers indicate the entrance of each voice.

Amor / Love

142 Gloria, Aleluya

BATTLE HYMN OF THE REPUBLIC
15 15 15 6 con Estribillo

Glory, Glory, Hallelujah
(G142 • K26)

Tradicional

Melodía americana, 1861
Atrib. a John W. Steffe, c. 1820–1911

143 Guarda Mi Alma

My Soul Is Longing
(G143 • K29)

ESTRIBILLO

Confianza / Trust

ESTROFAS
Cantor

1. Tú co - no - ces, Se - ñor, mi co - ra - zón,
2. El or - gu - llo no rei - na so - bre mí,
3. He guar - da - do mi al - ma en la paz,
4. En si - len - cio la ten - go so - bre mí
5. Is - ra - el,___ con - fí - a en el Se - ñor;

Al Estribillo

1. tú co - no - ces to - dos mis ca - mi - nos.
2. ni mis o - jos son___ so - ber - bios.
3. sin bus - car ho - no - res ni gran - de - zas.
4. co - mo un ni - ño en bra - zos de su ma - dre.
5. él se - rá tu fuer - za pa - ra siem - pre.

Estrofas: Sal 131
Lucien Deiss
Tr. al esp. por María Pilar de la Figuera

Lucien Deiss
Texto y música © 1966, WLP

Hymn to Joy
(G144 • K33)

Himno a la Alegría **144**
HYMN TO JOY   87 87 D

1. Es - cu - cha her - ma - no, la can - ción de la a - le - grí - a,
2. Si en tu ca - mi - no só - lo e - xis - te la tris - te - za,
3. Si es que no en - cuen - tras la a - le - grí - a en es - ta tie - rra,

1. el can - to a - le - gre del que es - pe - ra un nue - vo dí - a.
2. y el llan - to a - mar - go de la so - le - dad com - ple - ta.
3. bús - ca - la her - ma - no, más a - llá de las es - tre - llas.

Ven, can - ta, sue - ña can - tan - do, vi - ve so - ñan - do el nue - vo sol,

en que los hom - bres vol - ve - rán a ser her - ma - nos.

Tradicional

Ludwig van Beethoven, 1770–1827
Adapt. por Edward Hodges, 1796–1867

145 Los Caminos

ESTROFAS

1. Los ca - mi - nos de es - te mun - do
2. Los ca - mi - nos de la tie - rra
3. Los ca - mi - nos de es - ta vi - da
4. Los ca - mi - nos de es - te mun - do

1. nos con - du - cen has - ta Dios,
2. es - tán lle - nos de a - mis - tad,
3. te con - du - cen de ver - dad,
4. es - tán lle - nos de a - mor;

1. has - ta el cie - lo pro - me - ti - do
2. no la nie - gues a tu her - ma - no
3. al buen Dios que te con - vi - da
4. siem - pre ha - brá al - guien que quie - ra

1. don - de siem - pre bri - lla el sol.
2. que la es - pe - ra en tien - con - trar.
3. a en - trar en su e - ter - ni - dad.
4. con ca - ri - ño de ver - dad.

ESTRIBILLO

Y can - tan los pra - dos, can - tan las flo - res, con ar - mo -

nio - sa voz, y mien - tras que can - tan pra - dos y

flo - res, yo soy fe - liz, pen - san - do en Dios.

Sor Sonrisa, O.P.

Confianza / Trust

ESTRIBILLO/REFRAIN

Cantor/Todos/All

Vi - ne pa - ra que ten - gan, vi - ne pa - ra que
I have come____ to give you, I have come____ to

ten - gan, vi - ne pa - ra que ten - gan
give you, I have come____ to give you

vi - da en a - bun - dan - cia.
life____ in____ a - bun - dance.

ESTROFAS/VERSES

Cantor

1. Yo soy el buen___ pas- tor;   a mis o - ve - jas doy   vi - da.
1. *The___ good shep- herd am   I.   I give my life___ for my sheep.*

2. Yo soy el buen___ pas- tor   y mis o - ve - jas no   mue- ren.

3. Yo soy el buen___ pas- tor,   a mis o - ve - jas yo   cui - do.
3. *The___ good shep- herd am   I.   I___ watch o - ver my sheep.___*

4. Yo soy el buen___ pas- tor.   Yo___   soy___   la puer - ta.

Al Estribillo/To Refrain

1. A mis o - ve - jas co- noz - co;   e- llas tam- bién__ me co - no - cen.
1. *All of my sheep__ they well know me,   for___ I   call__ them by name.___*

2. Na- die me las__ qui- ta - rá___   por - que son__ de mi Pa - dre.

3. E- llas me si - guen a mí___   y les doy vi - da e - ter - na.
3. *I___ will al - ways pro- tect them.   I give them e - ter- nal life.___*

4. El__ que en - tra por mí___   es - ta - rá___ a sal - vo.

Jn 10

Lorenzo Florián
Texto y música © 1994, WLP

147 Tesoros Ocultos

Treasures Out of Darkness
(G147 • K58)

ESTRIBILLO/REFRAIN

ESTROFAS/VERSES

Confianza / Trust

1. rra - mo mi luz so - bre to - dos._____
2. Yo, el Se - ñor, ha - go es - to._____
3. Yo, el Se - ñor, ha - go es - to._____

1. *I shed my light up - on all!_____*
2. *I am cre - a - tor of all!_____*
3. *I am cre - a - tor of all!_____*

Is 45:3–8
Alan Revering
Tr. al esp. por Thomas Enneking, OSC

Alan Revering
Texto y música © 1998, Crosier Father and Brothers, pub. por WLP

Seek Ye First
(G148 • K15)

Busca Primero 148

SEEK YE FIRST Irregular

1. Bus - ca pri - me - ro el rei - no de Dios
2. Só - lo de pan, di - ce Dios, no vi - vi - rás,
*3. A - le - lu - ya, al - le - lu, a - le - lu - ya.

1. y su per - fec - ta jus - ti - cia,
2. si - no de to - da pa la - bra,
3. A - le - lu - ya, a - le - lu - ya.

1. que lo de - más lo a - ña - di - rá el Se - ñor.
2. que pa - ra ti el Se - ñor pro - nun - cia - rá.
3. A - le - lu - ya, a - le - lu, a - le - lu - ya.

1.–3. A - le - lu, al - le - lu - ya.

Estrofa 1 (original): Karen Lafferty
Estrofa 2: anón.
Tr. al esp. anón.

Karen Lafferty
Música © 1972, Maranatha! Music

*Se puede cantar la tercera estrofa como estribillo.
The third verse may be sung as a refrain.

Confianza / Trust

149 Caminando Juntos

Together We Walk
(G149 • K212)

ESTROFAS

1. Ca - mi - nan - do jun - tos va - mos a sa - lir
2. Va - mos siem-pre a obs-cu - ras si nos fal - ta el sol,
3. Dios es buen a - mi - go pa - ra ca - mi - nar.
4. No ca - mi - no so - lo, por - que voy con Dios,

1. y nos des - pe - di - mos con un bre - ve a - diós.
2. va - mos siem - pre so - los si nos fal - ta Dios.
3. Si él vie - ne con - mi - go, que se - gu - ro an - dar.
4. y sa - lu - do a to - dos con un gran a - diós.

ESTRIBILLO

"A - diós" quie - re de - cir: "¡Va - ya us - ted con Dios!"

Mi co - ra-zón se a - le - gra;— con - ti - go voy, Se - ñor.

Eduardo de Zayas
Texto y música © Eduardo de Zayas

150 Eran Cien Ovejas

There Were One Hundred Sheep
(G150 • K236)

ESTROFAS

1. E - ran cien o - ve - jas— que ha - bí - a en el re - ba - ño.—
2. Yo e - ra es - ta o - ve - ja— que an - da - ba per - di - da,—
3. Es - ta mis-ma his - to - ria— — vuel - ve a re - pe - tir - se;—
4. Tú e - res es - ta o - ve - ja— — sin que dar - te cuen - ta,—

1. E - ran cien o - ve - jas— que a - man - te cui - dó.—
2. le - jos de mi Cris - to,— le - jos de Je - sús.—
3. to - da - vía hay o - ve - jas— que ex - tra - via - das van.—
4. vas por es - te mun - do— sin Dios y sin fe.—

Confianza / Trust

1. Un dí-a en la tar - de   al con-tar-las to - das,
2. Pe-ro un dí-a el maes - tro   me ten-dió su ma - no,
3. Van por es - te mun - do   sin Dios, sin con-sue - lo,
4. Tu pas-tor a - man - te   lla-mán-do-te es-pe - ra;

1. le fal - ta - ba u - na, le fal - ta - ba
2. me to - mo en sus bra - zos, un - gió mis he -
3. sin Dios, sin con - sue - lo, sin Dios, sin con -
4. su - frió tus he - ri - das, su - frió tus he -

1. u - na, y tris - te llo - ró.
2. ri - das y al re - dil vol - vió.
3. sue - lo, bus - can - do per - dón.
4. ri - das por sal - var - te a ti.

ESTRIBILLO

Las no-ven-ta y nue - ve dejó en el apris - co,

y por las mon - ta - ñas a bus-car-la fue.

La en-con-tró gi - mien-do, tem-blan-do de frí - o,

la to-mó en sus bra-zos, un-gió sus he - ri-das, y al re-dil vol- vió.

Tradicional

Confianza / Trust

ESTRIBILLO

En la paz de Cris - to da - mos gra - cias a Dios.

ESTROFA 1

1. Te da - mos gra - cias. Tú nos has da - do tu pa -

Al Estribillo

1. la - bra que i - lu - mi - na nues - tra ru - ta.

ESTROFA 2

2. Te da - mos gra - cias. Tú nos has da - do

Al Estribillo

2. el pan de la vi - da e - ter - na.

ESTROFA 3

3. Te da - mos gra - cias. Tú nos has da - do un

Al Estribillo

3. cen - to de tu glo - ria por to - da la tie - rra.

Lucien Deiss
Tr. al esp. por María de la Figuera

Lucien Deiss
Texto y música © 1966, WLP

1. Se - ñor, tu paz es - té siem-pre en no - so - tros.
2. La paz que rei - na den - tro de no - so - tros
3. La dies - tra del Se - ñor es po - de - ro - sa
4. Nos da la fe el sen - ti - do de la vi - da;
5. Te ha - ces pre - sen - te en me - dio de tu pue - blo

1. Tu cruz ga - nó es - te don ce - les - tial.
2. es tras - pa - ren - cia vi - tal del a - mor.
3. y de la muer - te nos quie - re sal - var.
4. por ti, Je - sús, so - mos hi - jos de Dios.
5. ya los her - ma - nos a - com - pa - ña - rás.

1. Tu paz es ben - di - ción y es a - le - grí - a____
2. Dios es a - mor y es Pa - dre que a los hi - jos____
3. Pro - cla - ma - re - mos su mi - se - ri - cor - dia____
4. Co - mo Se - ñor y Dios te re - co - noz - ca,____
5. Je - sús, mo - rí - as y re - su - ci - ta - bas,____

1. ___ que en nues - tras vi - das pe - ne - tra - rá.
2. ___ su a - mor di - vi - no les in - fun - dió.
3. ___ y las pro - e - zas de su bon - dad.
4. ___ sin va - ci - lar nues - tro co - ra - zón.
5. ___ y nue - vas sen - das nos mos - tra - rás.

1.–5. A - le - lu - ya, a - le - lu - ya.

José Soler
Texto y música © 1996, José Soler y Editorial Claret
Agente único en EE.UU.: WLP

ESTROFA 1

Cantor/Coro

1. Hoy nos reu-ni-mos en nom-bre de Dios: un so-lo pue-blo,

1. un so-lo cuer-po en es - te lu - gar.

1. A-quí en-con-tra-re-mos la ca-ra de Dios, en es-te pue-blo

Al Estribillo

1. que hoy te a-cla-ma en es - te can-tar.

ESTRIBILLO

Todos

Cris-to es-tá pre-sen - te en es - te lu - gar,

y en es-te ban-que - te en vi - no y en pan.

Go - za-mos de la Vi - da, Ca - mi-no y la Ver -

dad; go - za-mos de la Vi - da, Ca -

(⌢) *(Final)* 4 *A las Estrofas*

mi - no y la Ver-dad.

ESTROFA 2

Cantor/Coro

2. Y con - ta - re - mos del rei - no de Dios, del Dios quien nos ha - bla y re-

2. pi - te la his-to - ria de la sal - va - ción. ____

2. Es - cu - cha - re - mos la voz del Se - ñor, y al es - cu-char su men-

Al Estribillo

2. sa - je nos ar - de nues - tro co - ra - zón. ____

ESTROFA 3

Cantor/Coro

3. A - quí par - ti - re - mos el pan del a - mor y nues-tras vi - das se-

3. rán con - ver - ti - das en cuer - po del Se - ñor. ____

3. To - mar de la co - pa de la sal - va - ción: un sa - cri - fi - cio

Al Estribillo

3. a be - ne - fi - cio de nues - tra co - mu - nión. ____

ESTROFA 4

Cantor/Coro

4. Hoy ben - de - ci - mos a quien nos u - nió. Vuel - ve a in - vi - tar - nos

4. y re - cor - dar - nos de su com - pa - sión. ____

⇒

4. Nues-tra es-pe-ran-za en quien re-su-ci-tó hoy re-no-va-mos,

4. y ce-le-bra-mos nues-tra re-den-ción.

Pedro Rubalcava
Texto y música © 2000, WLP

154 Venimos ante Ti

We Come Before You
(G154 • K278)

ESTRIBILLO

Ve - ni-mos an-te ti, Se - ñor,___ a tu

tem-plo de ve-ne - ra-ción___ pa-ra ser a-li-men-

ta-dos de tu pa-la-bra y tu san-ta co-mu-nión.

ESTROFAS

1. Con los que lle-van tu a-mor___ al co - ra-zón que
2. Con quien en-tre-ga a-le-grí-a___ a to-dos los pe-
3. Con los que lu-chan por la paz___ en el tiem - po di-

1. su - fre y los que dan es-pe-ran-za___
2. que - ños y es-par - cen hoy tu men-sa-je___
3. fí - cil e i-lu-mi - nan con tu luz___

Al Estribillo

1. al po - bre, al a-fli - gi - do.
2. por to - dos _ los rin - co - nes.
3. a los___ ne-ce-si - ta - dos.

Eleazar Cortés
Texto y música © 2000, WLP

Reunión / Gathering

ESTRIBILLO

A - rri - ba los co - ra - zo - nes, va - ya - mos to - dos al

pan de vi - da____ que_es fuen - te de glo - ria_e -

ter - na, de for - ta - le - za y de_a - le - grí - a.____

ESTROFAS

1. A ti_a - cu - di - mos se - dien - tos: ven, Se - ñor.____
   Que - re - mos dar - te la vi - da: ven, Se - ñor;____

2. Que - re - mos ser más her - ma - nos: ven, Se - ñor,____
   En ti_ha - lla - re - mos la fuer - za: ven, Se - ñor,____

3. Que no_ha - ya lu - chas fra - ter - nas: ven, Se - ñor,____
   A - par - ta_el o - dio del mun - do: ven, Se - ñor,____

Segunda vez al Estribillo

1. Te - ne - mos fe_en tu mis - te - rio: ven, Se - ñor.____
   con sus do - lo - res y di - chas: ven, Se - ñor.____

2. que nun - ca nos ol - vi - da - mos: ven, Se - ñor.____
   pa - ra_ol - vi - dar las o - fen - sas: ven, Se - ñor.____

3. ni_es - cla - vi - tud, ni mi - se - rias: ven, Se - ñor.____
   que_e - xis - ta_un or - den más jus - to: ven, Se - ñor.____

Tradicional

156 **Vamos a la Casa del Señor**

We Go to the House of the Lord
(G156 • K273)

ESTROFA 1

1. Va-mos a la ca - sa del Se - ñor:_____ to - dos so-mos_
   Va-mos a la ca - sa del Se - ñor;_____ es lo que_____

1. _ ne-ce-si - ta-dos;_____ to - dos_____ so-mos in-vi-ta
   _ ne ce-si - ta-mos._____ Her- ma-nos,_ nos he-mos se-pa-ra

1. - dos_____ a la ce - na del Se - ñor._____   [1.]
   - do_____ de la gra - cia del Se -   [2. *Al Estribillo*] ñor._____

ESTRIBILLO

Dios es a-mor, a - mor, a - mor._____ El que vi-ve en el a-

mor vi-ve en Dios._____   Dios es a-mor, a-

mor, a - mor._____ El que a-mas es hi-jo de Dios._____   [1. *A la Estrofa 2*]

[*Final*] Dios;_____ el que a-ma es hi- jo de Dios._____

Los que a - man son hi - jos de Dios._____

ESTROFA 2

2. Va-mos a la ca - sa del Se - ñor_____ a dar - le___
   Va-mos a la ca - sa del Se - ñor_____ a dar - le a-la-

2. gra - cias a Dios._____ Her - ma-nos, que no se nos ol -
   ban - zas a Dios,_____ a dar - le la paz___ a tu her-

1.

2. Al Estribillo

2. vi - de las ma-ra - vi-llas del Se - ñor._____
   ma-no, ___ y pe - dir-le su per- dón._____

Al Valverde
Texto y música © 2000, WLP

Let Us Go Joyfully to God's Banquet
(G157 • K204)

Acudamos Jubilosos **157**

Cantor/Coro

1. So - mos pue-blo que ca - mi - na   por las sen-das de   do - lor.
2. Los hu - mil-des   y   los po-bres   in - vi - ta-dos son   de Dios.
3. Es - te pan que Dios nos brin-da   a - li-men-ta nues-tra u - nión.
4. Cris-to a-quí se ha-ce pre-sen - te   al reu-nir-nos en   su a-mor.
5. Los se-dien-tos de jus - ti - cia   ha-llan en él su   per - dón.

Todos

A - cu - da-mos ju - bi - lo - sos   a la   ce - na del___ Se - ñor.

Misa Popular Nicaragüense
Guillermo Cüellar

Reunión / Gathering

158 Ofertorio (Todo Lo Que Tengo)

Offertory (All That I Have)
(G158 • K40)

ESTRIBILLO

To- do lo que ten- go te lo ven- go yo a en- tre- gar: es- te co- ra-

zón que en mí pu - sis- te pa - ra a - mar. mar.

1.
2.
A las Estrofas

ESTROFAS

1. To- do es tu - yo, Se - ñor, sue - ña en ti mi co- ra-
2. Las es - tre - llas del cie - lo, tam- bién los pe- ces del
3. Es - tas flo - res tan be - llas y e - sos pá - ja - ros del

1. zón. Y por e - so a - le- gre- men- te en ti yo
2. mar; tú e - res quien los ha he - cho con tan- to a-
3. cie - lo, tú los vis - tes y a - li - men- tas, tú, oh mi

Al Estribillo

1. pon - go to - do mi a - mor.
2. mor pa - ra nos dar.
3. Pa - dre, con mil ca - ri - ños.

Tradicional

Ofrenda / Offering

ESTRIBILLO

Te o - fre - ce - mos, Pa - dre nues - tro,———— con el
vi - no y con el pan,———— nues - tras pe - nas y a - le -
grí - as,———— el tra - ba - jo, nues - tro a - fán.————

ESTROFAS

1. Co - mo el tri - go de los cam - pos———— ba - jo el
2. A los po - bres de la tie - rra,———— a los
3. Es - tos do - nes son el sig - no———— del es -
4. Es tu pue - blo quien te o - fre - ce———— con los
5. Glo - ria se - a da - da al Pa - dre,———— y a su

1. sig - no de la cruz,———— se trans - for - man nues - tras
2. que su - frien - do es - tán, cam - bia su do - lor en
3. fuer - zo de u - ni - dad———— que los hom - bres rea - li -
4. do - nes del al - tar,———— la na - tu - ra - le - za en -
5. Hi - jo Re - den - tor,———— y al Es - pí - ri - tu Di -

Al Estribillo

1. vi - das———— en el Cuer - po de Je - sús.————
2. vi - no———— co - mo la u - va en el la - gar.————
3. za - mos———— en el cam - po y la ciu - dad.
4. te - ra,———— an - he - lan - do li - ber - tad.————
5. vi - no———— que nos lle - na de su a - mor.————

Tradicional

Ofrenda / Offering

160 Yo Tengo un Gozo en Mi Alma

I Have Joy in My Soul
(G160 • K70)

ESTRIBILLO

Yo ten-go un go-zo en mi al-ma, go-zo en mi al-ma,

go-zo en mi al-ma y en mi ser. ¡A - le - lu - ya, glo-ria a

Dios! Es co-mo un rí - o de a-gua vi - va, rí - o de a-gua

vi - va, rí - o de a-gua vi - va en mi al-ma y en mi ser.

ESTROFAS

1. Va - mos can - tan - do con to - do su po - der;
2. No te a - ver - güen - ces y a - la - ba a tu Se - ñor;
3. A - ma a tu her - ma - no y a - la - ba a tu Se - ñor;

1. va - mos can - tan - do con to - do su po - der.
2. no te a - ver - güen - ces y a - la - ba a tu Se - ñor.
3. a - ma a tu her - ma - no y a - la - ba a tu Se - ñor.

1.–3. ¡Da glo - ria a Dios, glo - ria a Dios, glo - ria a él!

Al Estribillo

1. Va - mos can - tan - do con to - do su po - der.
2. No te a - ver - güen - ces y a - la - ba a tu Se - ñor.
3. A - ma a tu her - ma - no y a - la - ba a tu Se - ñor.

Popular carismático

*Se puede omitir este compás. Use las notas pequeñas en el compás anterior.
This measure may be omitted. Use the cue notes in the previous measure.

Alabanza / Praise

El Fuego Cae, Cae **161**

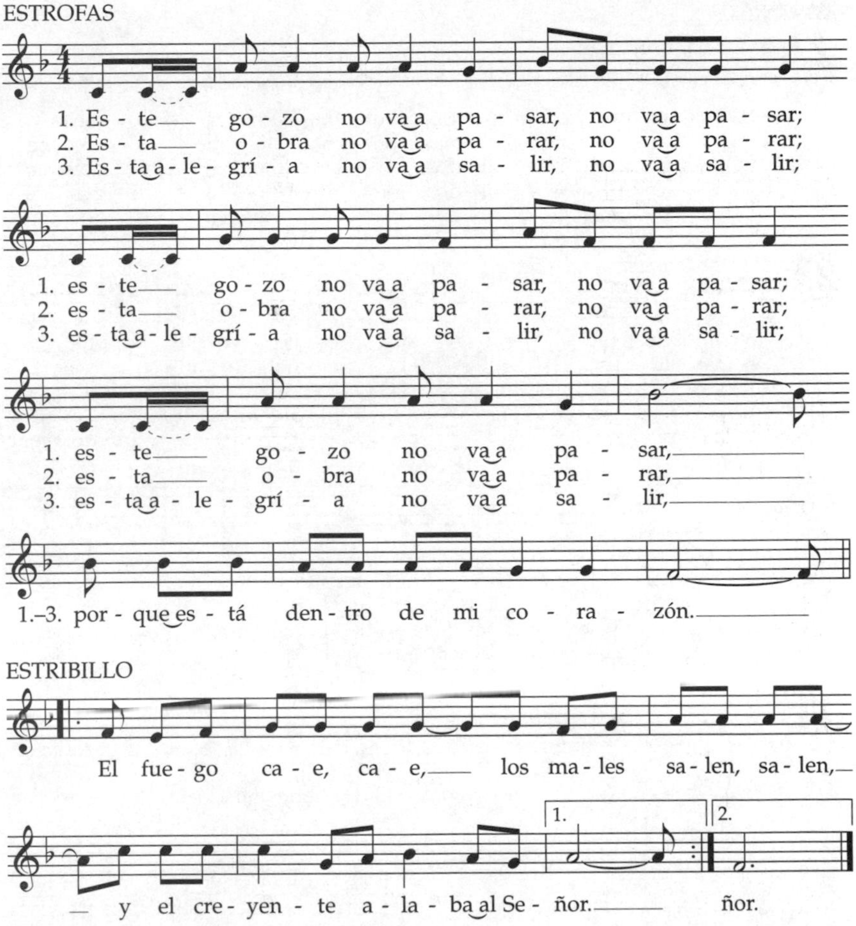
ESTROFAS
1. Es - te go - zo no va a pa - sar, no va a pa - sar;
2. Es - ta o - bra no va a pa - rar, no va a pa - rar;
3. Es - ta a - le - grí - a no va a sa - lir, no va a sa - lir;
1. es - te go - zo no va a pa - sar, no va a pa - sar;
2. es - ta o - bra no va a pa - rar, no va a pa - rar;
3. es - ta a - le - grí - a no va a sa - lir, no va a sa - lir;
1. es - te go - zo no va a pa - sar,
2. es - ta o - bra no va a pa - rar,
3. es - ta a - le - grí - a no va a sa - lir,
1.–3. por - que es - tá den - tro de mi co - ra - zón.
ESTRIBILLO
El fue - go ca - e, ca - e, los ma - les sa - len, sa - len,
y el cre - yen - te a - la - ba al Se - ñor. ñor.
1.
2.

Popular carismático

ESTROFAS

1. Se - ñor, yo te a - mo; Se - ñor, yo te a - mo y
2. Se - ñor, tú me a - mas; Se - ñor, tú me a - mas, me
3. O - re - mos u - ni - dos; o - re - mos u - ni - dos en
4. Can - te - mos u - ni - dos; can - te - mos u - ni - dos en
5. Mar - che - mos u - ni - dos; mar - che - mos u - ni - dos en

1. te se - gui - ré, sí, sí. Se - ñor, yo te a - mo; Se -
2. a - mas sin fin, sí, sí. Se - ñor, tú me a - mas; Se -
3. un co - ra - zón, sí, sí. O - re - mos u - ni - dos; o -
4. un co - ra - zón, sí, sí. Can - te - mos u - ni - dos; can -
5. un co - ra - zón, sí, sí. Mar - che - mos u - ni - dos; mar -

1. ñor, yo te a - mo y te ser - vi - ré, sí, sí.
2. ñor, tú me a - mas y mue - res por mí, sí, sí.
3. re - mos u - ni - dos, bus - can - do al Se - ñor, sí, sí.
4. te - mos u - ni - dos, bus - can - do al Se - ñor, sí, sí.
5. che - mos u - ni - dos, bus - can - do al Se - ñor, sí, sí.

ESTRIBILLO

¡Qué bue - no es mi Se - ñor! ¡Qué bue - no es mi Se - ñor!

Él ha - ce por mí ma - ra - vi - llas.

¡Qué bue - no es mi Se - ñor! ¡Qué bue - no es mi Se - ñor!

Yo quie - ro can - tar - le mi a - mor.

Popular carismático

Alabanza / Praise

Qué Grande Es Mi Dios   **163**

1. ¡Qué gran-de_es mi Dios!,_____ ¡qué gran-de_es su a-
2. (¡Que bue-no_es mi) Cris - to!,_____ ¡qué gran-de_es su a-

1. mor!_____ ¡Qué gran-de_es mi Dios!,_____
2. mor!_____ Yo_an - du - ve per - di - do,_____

1. por siem-pre_ha de ser._____ Se - pa - ró_____ las
2. él vi - no_y me_ha - lló._____ Mu - ri - ó_en un ma-

1. a - guas_____ y_a su pue-blo sal - vó;_____
2. de - ro_____ y re-su - ci - tó,_____

1. Él nun-ca nos a - ban - do - na, fiel siem-pre se -
2. Y_al su-bir_____ al_____ cie - lo, su_Es-pí - ri - tu en-

1.
1. rá._____ 2. ¡Qué bue - no_es mi

2.
2. vió._____

Ex 14:21–22

Popular carismático

164 Cantad al Señor

O Sing to the Lord
(G164 • K215a)

1. Can - tad al Se - ñor un___ cán - ti - co nue - vo.
2. Pues nues - tro Se - ñor ha___ he - cho pro - di - gios.
3. Can - tad al Se - ñor, a - la - bad - le con ar - pa.

1. O sing to the Lord, O___ sing God a new song.
2. For God is the Lord, and___ God has done won - ders.
3. So dance for our God and___ blow all the trum - pets.

1.–3. ¡Can - tad al Se - ñor, can - tad al Se - ñor!
1.–3. O sing to our God, O sing to our God!

4. Es él que nos da el Espíritu Santo.
   Es él que nos da el Espíritu Santo.
   Es él que nos da el Espíritu Santo.
   ¡Cantad al Señor, cantad al Señor!

5. ¡Jesús es Señor! ¡Amén, aleluya!
   ¡Jesús es Señor! ¡Amén, aleluya!
   ¡Jesús es Señor! ¡Amén, aleluya!
   ¡Cantad al Señor, cantad al Señor!

4. Oh, shout to our God, who gave us the Spirit.
   Oh, shout to our God, who gave us the Spirit.
   Oh, shout to our God, who gave us the Spirit.
   Oh, sing to our God, oh, sing to our God.

5. For Jesus is Lord! Amen, alleluia!
   For Jesus is Lord! Amen, alleluia!
   For Jesus is Lord! Amen, alleluia!
   Oh, sing to our God, oh, sing to our God.

Tradicional brasileña
Tr. al esp. e ing. por Gerhard Cartford
Texto © Gerhard Cartford

Tradicional brasileña

Alabanza / Praise

ESTRIBILLO

A-la- be - mos a Dios en su san-to tem-plo;___ can - te-mos_

1. **2.** *A las Estrofas*

_ en su san- tua - rio al Se - ñor.___ ñor.___

ESTROFAS

1. A - la-be - mos a Dios al to-que de trom- pe - tas,___
2. A - la-be - mos a Dios con ca-ñas y tam- bo - res,___

1. con flau-tas y con ar-pa, con vo-ces y con dan - za.___
2. con cuer-das y la tu- ba, con cí - ta-ra y tim - ba - les.___

1. Pro-cla-me - mos tam- bién su glo-ria y po-de - rí - o,___
2. A - la-be - mos a Dios, re-sue-nen los pla - ti - llos,___

Al Estribillo

1. su no-ble ma-jes - tad, gri-te-mos: ¡A-le - lu - ya!___
2. con to-da la crea- ción, can-te-mos: ¡A-le - lu - ya!___

Eleazar Cortés
Texto y música © 2000, WLP

166 Aleluya (Cantemos al Señor)

Alleluia (Let Us Sing to the Lord)
(G166 • K209)

ESTROFAS

1. Can - te - mos al Se - ñor___ un him - no de a - le - grí - a,___
2. Can - te - mos al Se - ñor___ un him - no de a - la - ban - za___

1. un cán - ti - co de a - mor al na - cer el nue - vo
2. que ex - pre - se nues - tro a - mor, nues - tra fe y___ nues - tra es - pe -

1. dí - a.___ Él hi - zo el cie - lo, el mar,___ el
2. ran - za.___ To - da la cre - a - ción___ pre -

1. sol y las es - tre - llas,___ y vio en e - llos bon -
2. go - na su gran - de - za.___ A - sí nues - tro___ can -

1. dad, pues sus o - bras e - ran be - llas.___
2. tar va a - nun - cian - do su be - lle - za.___

ESTRIBILLO

¡A - le - lu - ya!___ ¡A - le - lu - ya!

A la Estrofa 2

¡Can - te - mos al Se - ñor! ¡A - le - lu - ya!

Final

¡Can - te - mos al Se - ñor! ¡A - le - lu - ya!

Carlos Rosas
Texto y música © 1976, Resource Publications

Alabanza / Praise

ESTRIBILLO

Can - ta, ji - ba - ri - to,___ cán - ta-le al Se - ñor.

Cán - ta - le a - la - ban - zas, pe - ro que sal -

1. *2. A las Estrofas*
(⌒)(*Final*)

- gan___ del co - ra - zón. zón.

ESTROFAS

1. Yo ven - go___ de la mon-ta - ña___ don-de un a - mi-
2. E - se a - mi - go que en-con-tré___ te da - rá___
3. Si tú___ quie - res co - no-cer___ a e - se a-mi-

1. - go___ yo me en-con - tré. Y a su nom-bre___ quie-ro can-
2. ___ fe - li - ci - dad. Es el___ ca - mi - no per-
3. - go___ _ que en-con - tré, es Je - sús,___ el Na - za-

1. *2. Al Estribillo*

1. tar, "Lo le lo lay,___ lo le lo ley."___ ___
2. fec - to, es la vi - da y la ver-dad.___ ___
3. re - no; yo te lo___ pre-sen - ta - ré.___ ___

César Muñoz
Texto y música © 1994, WLP

Alabanza / Praise

168 Señor, Mi Dios

ESTROFAS/VERSES

1. Se - ñor, mi Dios, al con-tem-plar los cie - los
2. Al re - co - rrer los mon-tes y los va - lles
3. Cuan - do re - cuer - do del a - mor di - vi - no
4. Cuan - do el Se - ñor me lla-me a su pre - sen - cia

1. O Lord, my God, when I in awe-some won - der
2. When through the woods and for - est glades I wan - der,
3. And when I think that God, his Son not spar - ing,
4. When Christ shall come, with shout of ac - cla - ma - tion,

1. el fir - ma - men - to y las es - tre - llas mil,____
2. y ver las be - llas flo - res al pa - sar,____
3. que des - de el cie - lo al Sal - va - dor en - vió,____
4. al dul - ce ho - gar, al cie - lo de es-plen - dor,____

1. Con - sid - er all the worlds thy hand hath made,____
2. And hear the birds sing sweet - ly in the trees;____
3. Sent him to die, I scarce can take it in,____
4. And take me home, what joy shall fill my heart!____

1. al oír tu voz en los po - ten - tes true - nos
2. al es - cu - char el can - to de las a - ves
3. a - quel Je - sús que por sal - var - me vi - no
4. le a - do - ra - ré, can - tan - do la gran - de - za

1. I see the stars, I hear the roll - ing thun - der,
2. When I look down from loft - y moun-tain gran - deur
3. That on the cross my burd - en glad - ly bear - ing,
4. Then I shall bow in hum - ble ad - o - ra - tion

1. y ver bri - llar al sol en su ce - nit:____
2. y mur - mu - rar del cla - ro ma-nan - tial:____
3. y en u - na cruz su - frió por mí y mu - rió:____
4. de su po - der y su in - fi - ni - to a - mor.

1. Thy pow'r through - out the u - ni - verse dis - played;____
2. And hear the brook and feel the gen - tle breeze;____
3. He bled and died to take a - way my sin;____
4. And there pro - claim, "My God, how great thou art!"____

Alabanza / Praise

ESTRIBILLO/REFRAIN

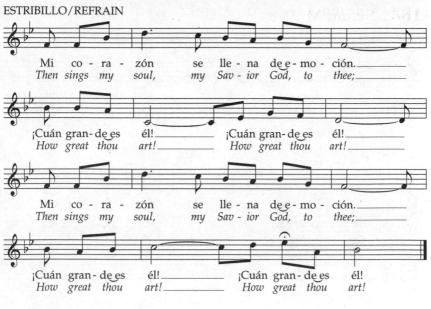

Mi co - ra - zón se lle - na de e - mo - ción.
Then sings my soul, my Sav - ior God, to thee;

¡Cuán gran-de es él! ¡Cuán gran-de es él!
How great thou art! How great thou art!

Mi co - ra - zón se lle - na de e - mo - ción.
Then sings my soul, my Sav - ior God, to thee;

¡Cuán gran - de e es él! ¡Cuán gran - de e es él!
How great thou art! How great thou art!

Stuart K. Hine, 1899–1989, alt.
Tr. al esp. por A. W. Hotton

Stuart K. Hine, 1899–1989
Texto y música © 1953, 1981, Manna Music, Inc.

Alabanza / Praise

ESTRIBILLO

Todos

Can- ten a Dios con a - le - grí - a, sus o- bras son ma- ra-

- vi - llo - sas. Ha - bi - tan - tes de la tie - rra:

1.
can - ten him - nos a___ su glo - ria.

2. *A las Estrofas*
can- ten him- nos a___ su glo - ria.___

Final
can- ten him- nos a___ su glo - ria.___ ¡Can- ten a___ Dios!

ESTROFA 1

Cantor

1. Ven - gan a ver las o - bras de Dios,

1. las ma - ra - vi - llas que nos___ de - jó___ al___ con - ver - tir el

3
1. ___ mar en___ tie - rra___ se - ca.___

Al Estribillo
1. ¡A - le - gré - mo- nos___ en Dios!___

ESTROFA 2

Cantor

2. Que el mun-do en-te - ro ben - di - ga nues-tro Dios;

2. ha - gan so-nar sus___ him-nos de a-la-ban - za.___

Al Estribillo

2. ¡Ben-di - to se - a el___ Se - ñor___ Dios!___

Diego Correa y Damaris Thillet
Texto y música © 1994, WLP

From All That Dwell
below the Skies
(G170 • K215b)

Cantad, Naciones, al Señor 170
OLD HUNDREDTH LM

1. Can - tad, na - cio - nes, al Se - ñor, can -
2. A la Di - vi - na Tri - ni - dad; U -
Dox. Glo - ria al Pa dre Cre - a - dor, glo -

1. tad - le con a - le - gre voz; ser - vid - le con te -
2. ni - dos to - dos a - la - bad con a - le - grí - a y
Dox. ria al Hi - jo Sal - va - dor, glo - ria al Es - pí - ri -

1. mor fi - lial, ve - nid y en su pre - sen - cia es - tád.
2. gra - ti - tud su a - mor y gra - cia ce - le - brad.
Dox. tu de a - mor: ¡aho - ra y por siem-pre glo - ria a Dios!

Sal 72:17–19; Sal 117:1–2
Estrofas. 1–2: Isaac Watts, 1674–1748
Doxología: Thomas Ken, 1637–1711, alt.
Adapt. al esp. anón.

Genevan Psalter
Pseaumes octante trois de David, 1551, alt.
Louis Bourgeois, c.1510–c. 1561

Alabanza / Praise

ESTROFAS

Cantor

1. A - la - ben— a Dios en su san - tua - rio,_____
2. E - xal - ten— a Dios por sus gran - de - zas,_____

1. _____ can - ten sal-mos a su nom- bre,_____
2. _____ pues él ha he-cho ma - ra - vi - llas;_____

1. ce - le - bren— con dan-zas y tam - bo - res;_____
2. ce - le - bren— con ar-pas y con flau - tas._____

1. A - la - be al Se - ñor to-do que vi - ve._____
2. Que a - cla-me al Se - ñor to-da la tie - rra._____

Coro

1.–2. ¡Qué gran-de es el Se - ñor,____ ma - ra - vi - llo - so— es!

1.–2. ____ Él es— la ro - ca que nos sal - va.____

1.–2. A - cla-men al Se - ñor,____ pues gran-de es su po - der;___

1.–2. ____ ben - di - to se a el Se - ñor._____

Alabanza / Praise

Todos

¡Él vi-ve,_____ él rei-na!_____ Él es

nues-tro___ sal-va-dor._____ ¡Él vi-ve,_____ él

rei-na!_____ Él es nues-tro___ sal-va-dor._____

(Final)

Diego Correa y Damaris Thillet
Texto y música © 1996, WLP

We Raise Our Song of Praise
(G172 • K234)

Elevamos Nuestros Cantos 172

HYMN TO JOY   87 87 D

1. E - le - va-mos nues-tros can-tos a Je-sús el Sal - va-dor,
2. Y Ma - rí - a es su Ma-dre des-de el "A - ve" de Ga-briel,
3. Des-de en-ton-ces e - lla ha si - do Ma-dre de su grey tam-bién,
4. To - do el u - ni - ver-so a-la - ba a Je-sús el Sal - va-dor;

1. Ver-bo E-ter - no he - cho car - ne en el Se - no vir - gi - nal.
2. E - lla fue quien lo cui - da - ba, Vir-gen Ma-dre siem-pre fiel.
3. Y por e - so des-de el cie - lo has-ta el Te - pe - yac ba - jó.
4. To - da len - gua lo pro-cla - ma Dios E - ter - no con fer-vor,

1. Él es hi - jo de Ma - rí - a, Vir-gen___ pu - ra sin i - gual.
2. En Be - lén y en E - gip - to e - lla es-ta - ba con Je-sús.
3. A Juan Die-go en el___ ce - rro un san - tua - rio le pi - dió,
4. Y tam-bién al Pa-dre___ Bue-no y al Es - pí - ri - tu de A-mor:

1. Hi - jo del E - ter - no Pa-dre, él es nues-tro Re - den - tor.
2. E - lla es-ta-ba en el cal - va - rio a su la - do en la cruz.
3. Y su i - ma - gen en la til - ma a su pue-blo le de - jó.
4. Dios cle-men-te, Tri-no y U - no, a - do - ra - do sin ce - sar.

José A. Rubio
Texto © 2000, WLP

Ludwig van Beethoven, 1770–1827
Adapt. por Edward Hodges, 1796–1867

Alabanza / Praise

173 Alabanzas y Honor

Praises and Honor
(G173 • K206)

ESTRIBILLO
Todos

A- la- ban - zas____ y ho- nor a ti,____
A- la- ban - zas____ y ho- nor a ti,____

1.
2. *A las Estrofas*
(Final)

Se - ñor____ Je - su- cris - to.____
oh Rey____ de la glo - ria.____

ESTROFAS
Cantor

1. Se - ñor, tú__ e - res ver-da-de-ra-men - te
2. Cris-to, por no - so - tros en la cruz mo- ris - te;

1. el Sal - va - dor____ del mun - do.____
2. ya no te - me-mos____ la muer - te.____

1. Da-me a - gua____ vi - va____
2. Vi-da nue - va____ nos dis - te____

Al Estribillo

1. y no su - fri - ré más____ sed.____
2. y no mo - ri - re - mos ja - más.____

Lorenzo Florián
Texto y música © 2000, WLP

Alabanza / Praise

Be a Prophet
(G174 • K257)

ESTRIBILLO

Pro-fe - ti - za, pue-blo mí - o, pro-fe- ti- za u-na vez más.

Que tu voz sea el e - co del cla-mor de los pue-blos en la o-pre- sión. __

Pro-fe - ti - za, pue-blo his- pa- no, pro-fe - ti- za u-na vez más,

a- nun- cián- do- le a los po-bres u-na nue-va so- cie- dad.

ESTROFAS

1. ¡Pro-fe - ta te con - sa - gro,_____ no ha- ya du-da y te - mor
2. A - nún-cia- le a los pue-blos_____ que Dios re - no - va - rá
3. De-nun-cia to- do a- que- llo_____ que cau-sa la o-pre- sión,
4. És- ta sea tu es-pe- ran- za,_____ és- ta sea tu mi- sión,
5. Es ho - ra de mi gra-cia,_____ Sa - cra-men-to de Dios,

Al Estribillo

1. en tu an-dar por la his - to-ria;_____ sé fiel a tu mi- sión!
2. su pac-to en la jus - ti- cia,_____ su a-mor flo - re - ce - rá.
3. pa - ra que se con - vier-ta_____ y vuel-va a su Se- ñor.
4. ser cons-truc-tor del Rei- no,_____ so - cie - dad del a - mor.
5. sé sig - no de mi a - lian-za,_____ sé luz de un nue-vo sol.

Rosa Martha Zárate Macías
Texto y música © Rosa Martha Zárate Macías

Justicia Social / Social Justice

175 Ven y Sálvanos

Come and Save Us
(G175 • K77)

ESTROFAS

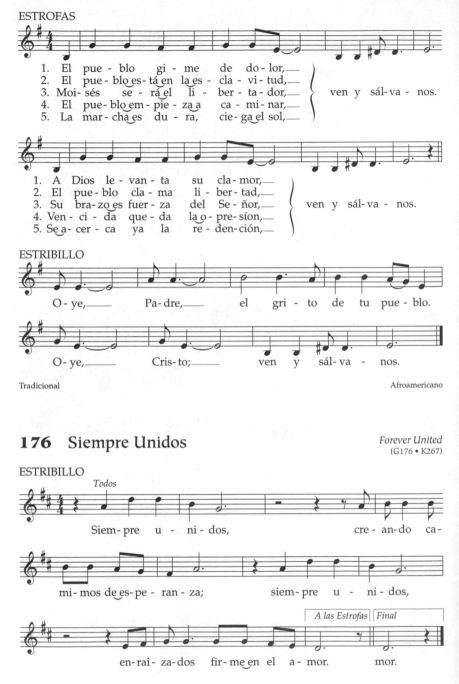

1. El pue - blo gi - me de do - lor,—
2. El pue - blo es - tá en la es - cla - vi - tud,—
3. Moi- sés se - rá el li - ber - ta - dor,— } ven y sál - va - nos.
4. El pue- blo em- pie - za a ca - mi - nar,—
5. La mar- cha es du - ra, cie- ga el sol,—

1. A Dios le - van - ta su cla - mor,—
2. El pue - blo cla - ma li - ber - tad,—
3. Su bra- zo es fuer - za del Se - ñor,— } ven y sál- va - nos.
4. Ven - ci - da que- da la o - pre - sión,—
5. Se a- cer - ca ya la re - den- ción,—

ESTRIBILLO

O - ye,— Pa - dre,— el gri - to de tu pue - blo.

O - ye,— Cris- to;— ven y sál- va - nos.

Tradicional

Afroamericano

176 Siempre Unidos

Forever United
(G176 • K267)

ESTRIBILLO

Todos

Siem- pre u - ni - dos, cre - an- do ca-

mi- mos de es- pe - ran - za; siem- pre u - ni - dos,

| A las Estrofas | Final |

en- rai - za- dos fir- me en el a - mor. mor.

ESTROFAS

Cantor/Coro

1. Mi - ra a tu her - ma - no, mi - ra su
2. Se - an hu - mil - des y a -
3. Hay un só - lo cuer - po y un só - lo Es -
4. Ha - blan - do la ver - dad en un Es - pí - ri - tu de a -

1. vi - da, mi - ra la he - ri - da
2. ma - bles; se - an pa - cien - tes y so -
3. pí - ri - tu, a - sí co - mo Dios los ha lla - ma - do a
4. mor, de - be - mos cre - cer en

1. en su co - ra - zón. ¿Qué es la
2. pór - ten - se con a - mor. Pro - cu - ren man - te -
3. u - na so - la es - pe - ran - za. Hay un Se -
4. to - do ha - cia Cris - to. Que Cris - to

1. cau - sa de es - tas he - ri - das?, ra - í - ces de a -
2. ner - se siem - pre u - ni - dos con la a - yu - da del Es -
3. ñor, u - na la fe, un só - lo bau -
4. vi - va en sus co - ra - zo - nes pa - ra que es -

Al Estribillo

1. bu - sos: ne - ce - si - ta - mos al Se - ñor.
2. pí - ri - tu y la paz que él nos dio.
3. tis - mo; hay un Dios y Pa - dre de to - dos.
4. tén en - rai - za - dos en el a - mor.

Al Valverde
Texto y música © 2000, WLP

Justicia Social / Social Justice

177 Jerusalén

ESTRIBILLO

Je-ru-sa-lén,— qué bo-ni-ta e-res,— ca-lles de o-ro,

mar de cris-tal.— Je-ru-sa-lén,— qué bo-ni-ta e-res,

ca-lles de o-ro,— mar de cris-tal.— Por e-sas ca-lles

va-mos a ca-mi-nar,— ca-lles de o-ro,— mar de cris-

tal.— Por e-sas ca-lles— va-mos a ca-mi-nar,—

Última vez a la Coda ✛

ca-lles de o-ro,— mar de cris-tal.—

ESTROFAS 1–3

1. En el cie-lo to-dos can-tan *a-le-lu-ya; yo tam-
2. En el cie-lo to-do glo-ri-fi-ca al Pa-dre; yo voy
3. El Cor-de-ro vie-ne pron-to en u-na nu-be a su

1. bién voy a can-tar. En el cie-lo to-dos can-tan a-le-
2. a glo-ri-fi-car. En el cie-lo to-do glo-ri-fi-ca al
3. pue-blo a res-ca-tar. El Cor-de-ro vie-ne pron-to en u-na

1. lu-ya; yo tam-bién voy a can-tar. *¡A - le -
2. Pa-dre; yo voy a glo-ri-fi-car. ¡A - le -
3. nu-be a su pue-blo a res-ca-tar. ¡A - le -

*Durante la Cuaresma, se puede cantar "Hosanna" en vez de "Aleluya" dondequiera que ocurra.
During Lent, this song may be sung using "Hosanna" instead of "Aleluya" wherever it occurs.

Segunda Venida / Second Coming

1. lu - ya! yo tam - bién voy a can - tar. ¡A - le -
2. lu - ya! yo voy a glo - ri - fi - car. ¡A - le -
3. lu - ya! a su pue - blo a res - ca - tar. ¡A - le -

1.-2. *A las Estrofas 2, 3* | 3. *Al Estribillo*

1. lu - ya! yo tam - bién voy a can - tar.
2. lu - ya! yo voy a glo - ri - fi - car.
3. lu - ya! a su pue - blo a res - ca - tar.

CODA

tal.____ ¡A - le - lu - ya! yo tam - bién voy a can - tar.

¡A - le - lu - ya! yo tam - bién voy a can - tar.____

Ap 7:10, 12; 21:11; 22:1   Tradicional

178 Venga Tu Reino

ESTRIBILLO

Ven- ga__ tu rei - no, Pa - dre Ce - les -
tial; ven- ga__ tu rei - no, Pa - dre

1. 2. A las Estrofas
de__ bon - dad. dad.

ESTROFAS

Cantor

1. So - mos tu pue - blo, oh Dios de a - mor.
2. Tu vo - lun - tad que se ha - ga a - quí
3. Tu luz e - ter - na se - rá el gui - ar
4. Y a no - so - tros jus - ti - cia ven - drá.

Al Estribillo

1. So - mos tus hi - jos, oh Rey om - ni - po - ten - te.
2. en la__ tie - rra, oh To - do - po - de - ro - so.__
3. de nues- tras vi - das, Se - ñor de com- pa - sión.
4. Tú siem- pre rei - nas con paz__ y ver- dad.__

Lorenzo Florián
Texto y música © 2000, WLP

179 Te Den Gracias

ESTRIBILLO

Te den gra- cias to - dos los pue - blos; que to - dos los
pue- blos te den gra - cias.__ gra - cias.__

1. 2.

ESTROFAS

1. Se - ñor, Se - ñor, Se - ñor, gra- cias te da - mos__
2. Se - ñor, qué bien se vi - ve en tu ca - sa,__

Segunda Venida / Second Coming

1. por es - ta Mi - sa que he - mos ce - le - bra - do.____
2. en Cris - to siem - pre u - ni - dos co - mo her - ma - nos.____

1. Tu cuer - po y san - gre ya he - mos re - ci - bi - do;____
2. Se - ñor, que se - a és - te un an - ti - ci - po____

Al Estribillo

1. vol - ve - mos a la vi - da en - tu - sias - ma - dos.____
2. del cie - lo que ya he - mos co - men - za - do.____

Sal 67:4

Eduardo de Zayas

We Give You Thanks
(G180 • K28)

Gracias 180

GRACIAS 9 9 13

1. Gra - cias por ca - da nue - vo dí - a, gra - cias
2. Gra - cias por to - dos mis a - mi - gos, gra - cias
3. Gra - cias por tan - ta pro - vi - den - cia, gra - cias
4. Gra - cias por tan - tas i - lu - sio - nes, gra - cias
5. Gra - cias por ca - da pri - ma - ve - ra, gra - cias
6. Gra - cias, por que e - res Dios y Pa - dre, gra - cias,

1. por ca - da flor que na - ce, gra - cias,
2. por nues - tra li - ber - tad,____ gra - cias,
3. por tan - ta hu - man - i - dad,____ gra - cias,
4. por la fe - li - ci - dad,____ gra - cias,
5. por cie - lo, mon - te y mar,____ gra - cias,
6. por - que e - res mi Se - ñor,____ gra - cias,

1. por - que en tu ley re - na - ce to - da ver - dad.
2. por - que a mis e - ne - mi - gos pue - do a - mar.
3. un dí - a en tu pre - sen - cia quie - ro go - zar.
4. tu glo - ria en mis can - cio - nes quie - ro can - tar.
5. por - que en tu a - mor em - pie - za mi li - ber - tad.
6. por - que en tu a - mor hoy ar - de mi co - ra - zón.

J. A. Olivar

Tradicional

Agradecimiento / Thankfulness

All the Beautiful Colors
(G181 • K21)

1. De_____ co - lo - res,___ de co - lo - res se vis - ten los
2. De_____ co - lo - res,___ de co - lo - res bri - llan - tes y
3. Ju - bi - lo - sos,___ ju - bi - lo - sos vi - va - mos en

1. cam - pos en la pri - ma - ve - ra.___ De___ co -
2. fi - nos se vis - te la au - ro - ra.___ De___ co -
3. gra - cia pues - to que se pue - de.___ Sa - cia -

1. lo - res,___ de co - lo - res son los pa - ja - ri - tos que vie - nen de a-
2. lo - res,___ de co - lo - res son los mil re - fle - jos que el sol a - te -
3. re - mos,___ sa - cia - re - mos la sed ar - do - ro - sa del Rey que no

1. fue - ra.___ De___ co - lo - res,___ de co -
2. so - ra.___ De___ co - lo - res,___ de co -
3. mue - re.___ Ju - bi - lo - sos,___ ju - bi -

1. lo - res es el ar - co i - ris que ve - mos sa - lir,___ Y por
2. lo - res se vis - te el dia - man - te que ve - mos lu - cir,___ Y por
3. lo - sos lle - ve - mos a Cris - to un al - ma y mil más,___ Di - fun -

1. e - so los gran - des a - mo - res de mu - chos co - lo - res me
2. e - so los gran - des a - mo - res de mu - chos co - lo - res me
3. dien - do la luz que i - lu - mi - na la gra - cia di - vi - na del

1. gus - tan a mí,___ Y por e - so los gran - des a -
2. gus - tan a mí,___ Y por e - so los gran - des a -
3. gran i - de - al,___ Di - fun - dien - do la luz que i - lu -

1. mo - res de mu - chos co - lo - res me gus - tan a mí.___
2. mo - res de mu - chos co - lo - res me gus - tan a mí.___
3. mi - na la gra - cia di - vi - na del gran i - de - al.___

Tradicional

Agradecimiento / Thankfulness

ESTROFAS

1. Fe - liz Quin-cea-ñe-ra que vas por do-quie-ra lu -
2. Fe - liz Quin-cea-ñe-ra que vi - ves so-ñan-do en
3. A - gra-das al cie-lo ves-ti - da mo-des-ta lle-

1. cien - do tu be-lla ju-ven-tud._____ Es - pe-ras son-rien-te
2. un mun-do lle-no de i-lu-sión._____ Es tu dí - a y re - za
3. van - do las flo-res al al - tar._____ La Vir - gen te es-pe-ra

1. el dí - a triun-fan-te____ de a-mor y vir - tud.
2. que Dios te con - ce-da____ u - na vo-ca - ción.
3. y al ver tu mo-des-tia____ se a - le-gra-rá.

ESTRIBILLO

Fe - liz Quin-cea-ñe-ra que di - cha ha de ser_____

____ Ce - le - brar con tus pa-dres y a - mis-

ta - des pre-sen-tes las bon-da - des de Dios._____

Blasa R. Garcés
Texto y música © 1980, Blasa R. Garcés

Celebración Popular / Popular Celebration

183 Las Mañanitas Tradicionales

(Versión para celebraciones*)

*Traditional Song
of Celebration*
(G183 • K246)

Es- tas son las ma-ña - ni - tas que can- ta - ba_el Rey Da- vid.

Hoy por ser día de tu san- to te las can - ta - mos a - quí.

Des- pier - ta, Ma-dre, des- pier - ta mi - ra que ya_a-ma-ne- ció;

ya los pa - ja-ri-llos can-tan, la lu-na ya se me - tió.

Qué lin-da_es-tá la ma - ña - na en que
El dí - a_en que tú na - cis - te na- cie-

ven-go_a sa-lu - dar-te.___ Ve - ni - mos to- dos con
ron to - das las flo - res,___ y_en la pi - la del bau-

gus - to y pla - cer a fe-li-ci - tar - te.___
tis - mo can-ta - ron los rui - se - ño - res.___

Ya vie-ne_a-ma - ne - cien- do, ya la luz del día nos

dio; le - ván - ta - te de ma - ña - na, mi - ra

*Se encuentran otras versiones de "Las Mañanitas" para fiestas Guadalupanas en #203 y #205.
Other versions of Las Mañanitas for Guadalupe celebrations are found at #203 and #205.

Celebración Popular / Popular Celebration

que   ya a - ma   -   ne - ció.

Tradicional

O Good Jesus
(G184 • K42)

¡Oh Buen Jesús!   **184**

1. ¡Oh   buen   Je - sús!   yo   cre - o   fir - me - men - te,
2. Es - pe - ro en ti,   pia - do - so   Je - sús   mí - o;
3. Dul - ce   ma - ná   y   ce - les - tial   co - mi - da,
4. ¡Oh   Buen   Pas - tor!   a - ma - ble y fi - no a - man - te,

1. que   por   mi a - mor   es - tás   en   el   al - tar,
2. oi - go   tu   voz   que   di - ce   "Ven   a   mí."
3. go - zo y   sa - lud   de   quien te   co - me   bien,
4. mi   co - ra - zón   se a - bra - sa en san - to ar - dor;

1. que   das   tu   cuer - po y san - gre jun - ta - men - te
2. Por - que e - res   fiel,   por   e - so en ti con - fí - o;
3. ven   sin   tar - dar,   mi   Dios, mi   luz, mi   vi - da;
4. si   te ol - vi - dé,   hoy   ju - ro   que con - stan - te

1. al   al - ma   fiel   en   ce - les - tial   man - jar,
2. to - do,   Se - ñor,   es - pé - ro - lo   de   ti,
3. des - cien - de a   mí,   has - ta   mi   pe - cho   ven,
4. he   de   vi - vir   tan   só - lo   de   tu a - mor,

1. al   al - ma   fiel   en   ce - les - tial   man - jar.
2. to - do,   Se - ñor,   es - pé - ro - lo   de   ti.
3. des - cien - de a   mí,   has - ta   mi   pe - cho   ven.
4. he   de   vi - vir   tan   só - lo   de   tu a - mor.

Tradicional

H. León, F.S.C.

5 ¡Oh Víctima de Salvación!

DUGUET LM

O Saving Victim
(G185 • K45)

1. ¡Oh Víc - ti - ma de sal - va - ción!, que a - bris - te el cie - lo
2. Al Tri - no Dios ho - nor y prez se le tri - bu - te
1. O sa - lu - tá - ris Hó - sti - a, Quae cae - li pan - dis
2. U - ni tri - nó - que Dó - mi - no Sit sem - pi - tér - na

1. al mor - tal, en es - ta gue - rra mun - da - nal re -
2. sin ce - sar, y que en la pa - tria ce - les - tial, sin
1. ó - sti - um: Bel - la pre - munt ho - stí - li - a, Da
2. gló - ri - a, Qui vi - tam si - ne tér - mi - no No -

1. vís - te - nos de tu va - lor.
2. fin vi - va - mos jun - to a él. A - mén.
1. ro - bur, fer au - xí - li - um.
2. bis do - net in pá - tri - a. A - men.

Tomás de Aquino, c. 1225–1274
Tr. al esp. anón.

Dieudonné Duguet, 1794–1849

186 A Tan Alto Sacramento

ST. THOMAS 87 87 87

Humbly Let Us Voice Our Homage
(G186 • K1)

1. A tan al - to Sa - cra - men - to de - mos, pues, ve -
2. Glo - ria al Pa - dre om - ni - po - ten - te, glo - ria al Hi - jo
1. Tan - tum er - go Sa - cra - mén - tum Ve - ne - ré - mur
2. Ge - ni - tó - ri, Ge - ni - tó - que Laus et ju - bi -

1. ne - ra - ción; ce - da el Vie - jo Tes - ta - men - to
2. Re - den - tor; y al que de am - bos pro - ce - den - te
1. cér - nu - i: Et an - tí - quum do - cu - mén - tum
2. lá - ti - o, Sa - lus, ho - nor, vir - tus quo - que

1. a la nue - va ins - ti - tu - ción; a es - te nue - vo
2. es el Vín - cu - lo de A - mor; tri - bu - te - mos
1. No - vo ce - dat rí - tu - i: Prae - stet fi - des
2. Sit et be - ne - díc - ti - o: Pro - ce - dén - ti

1. su - ple - men - to de - mos fe y de - vo - ción.
2. i - gual - men - te a - la - ban - za, prez y ho - nor. A - mén.
1. sup - ple - mén - tum Sén - su - um de - féc - tu - i.
2. ab u - tró - que Com - par sit lau - dá - ti - o. A - men.

Tomás de Aquino, c. 1225–1274
Tr. al esp. anón.

John F. Wade, 1711–1786

Praised Be the Most Holy Sacrament
(G187 • K2)

Alabado Sea el 187
Santísimo Sacramento

Estribillo: A - la - ba - do sea el San - tí - si - mo Sa - cra -
1. Án - ge - les y Se - ra - fi - nes, a - yu -
2. Sea en el cie - lo y en la tie - rra a - la -
3. Vues - tro cuer - po sa - cro - san - to, be - nig -
4. Vues - tro cuer - po sa - cro - san - to es mi
5. Vues - tro cuer - po sa - cro - san - to es sua -

E: men - to del al - tar, En los cie - los y en la
1. dad - me a ben - de - cir A Je - sús sa - cra - men -
2. ba - do sin ce - sar El man - sí - si - mo Cor -
3. ní - si - mo Se - ñor, Es de fuer - tes a - li -
4. vi - da, paz y un - ción, Es sa - lud y dul - ce
5. ví - si - ma man - sión, Don - de el al - ma a - pri - sio -

1. **2.**

E: tie - rra, a - quí y en to - do lu - gar; En los gar.
1. ta - do que ya voy a re - ci - bir; A Je - bir.
2. de - ro que has - ta mí quie - re lle - gar; El man - gar.
3. men - to y de dé - bi - les vi - gor; Es de gor.
4. cal - ma que mi - ti - ga mi do - lor; Es sa - lor.
5. na - da go - za li - bre a su a - ma - dor; Don - de el dor.

Tradicional

Dios Mío, Acércate de Mí

My God, Be Near Me
(G188 • K226)

ESTRIBILLO

Dios, mí - o, Dios mí - o, a - cér - ca - te a mí;___

(Final) (⌢)

Pa - lo - ma se - dien - ta que vue - la ha - cia ti.___

ESTROFAS

1. A - rru - llos___ de a - mo - res del al - ma sa - lid;___
2. Quién da - rá a___ mi pe - cho co - mo el al - he - lí___
3. Be - ber en___ tu cá - liz al mun - do es mo - rir,___
4. Hoy dí - a,___ Dios mí - o, te dig - nas a - brir___
5. A ti voy,___ Dios mí - o, pues vie - nes a mí,___
6. Pa - lo - mas___ del va - lle vo - lan - do ve - nid,___
7. Fe - liz la___ cria - tu - ra que sien - te hoy en sí___
8. Dios mí - o,___ Dios mí - o, a - cér - ca - te a mí;___

*Segunda vez
al Estribillo*

1. Sus - pi - ros de fue - go al cie - lo su - bid.___
2. Ro - cí - o que a - pa - gue la sed que hay en mí.___
3. Y mo - rir al mun - do es dul - ce vi - vir.___
4. La fuen - te di - cho - sa en que he de vi - vir.___
5. Di - cho - sas las al - mas que vi - ven en ti.___
6. De vi - da a la fuen - te, de a - mor a la vid.___
7. Ma - yor sed de a - mo - res al lle - gar - se a ti.___
8. Pa - lo - ma se - dien - ta que vue - la ha - cia ti.___

Tradicional

189 ¡Oh Jesús! ¡Oh Buen Pastor!

OH JESUS, OH BUEN PASTOR 76 75 65 65

*O Jesus, Good Shepherd
(G189 • K44)*

ESTRIBILLO

¡Oh Je - sús!, ¡oh Buen Pas - tor!, Due - ño de mí vi - da,

ven a mí con san - to a - mor, dul - ce Re - den - tor.

Devocional / Devotional

ESTROFAS

1. E - res Due - ño tier - no,   tú,   el Buen Pas - tor;
2. Con   a - mor te im - plo - ro,   Dios de ma - jes - tad,
3. Yo   en   ti   es - pe - ro   au - men- tar   mi   fe;
4. ¡Oh   Je - sús   de   mi al - ma!,   fuen - te   de   dul - zor,
5. ¡Oh   di - vi - no A - man - te!,   ven - me a vi - si - tar;
6. Hi - jo in - gra - to he   si - do,   dul - ce   Re - den - tor;
7. Ma - dre com - pa - si - va,   o - ye, por   fa - vor,

Al Estribillo

1. e - res Ver - bo e - ter - no,   nues - tro Sal - va - dor.___
2. y en   si - len - cio a - do - ro   tu   di - vi - ni - dad.___
3. con   a - mor sin - ce - ro   te   re - ci - bi - ré.___
4. quie - ro en san - ta   cal - ma   me - di - tar tu a - mor.___
5. ven   en   es - te ins - tan - te   mi al - ma a con - so - lar.___
6. mas,   ya a - rre - pen - ti - do,   he me a - quí, Se - ñor.___
7. que a   Je - sús   re - ci - ba   siem - pre con   fer - vor.___

Tradicional

Blessed Be God
(G190 • K13)

Bendito, Bendito   190

Estribillo: Ben - di - to,   ben - di - to,   ben - di - to   se - a   Dios;
1. Je - sús   de   mi   al - ma,   te   doy mi   co - ra - zón,
2. A - do - ro en   la   hos - tia   el   cuer- po   de   Je - sús,
3. A   tus plan - tas   lle - go con - fu - so   de   do - lor;
4. Yo   cre - o,   Dios mí - o, que es - tás   en   el   al - tar,
5. Oh   cie - lo   y   tie - rra,   de - cid   a   u - na   voz,

[1.]   [2.]

E: los   án - ge - les   can - tan y a - la - ban   a   Dios,   Dios.
1. y en   cam - bio te   pi - do me   des tu   ben - di - ción,   ción.
2. su   san - gre pre - cio - sa que   dio por mí en la   cruz,   cruz.
3. de   to - das mis   cul - pas im - plo - ro   tu   per - dón,   dón.
4. o - cul - to en la   hos - tia te   ven - go a a - do - rar,   rar.
5. ben - di - to por siem - pre, ben - di - to   se - a   Dios,   Dios.

Tradicional

Devocional / Devotional

191 Ante Ti Me Postro

ADORO TE DEVOTE 65 65 D

Humbly We Adore You
(G191 • K10)

1. An - te ti me pos - tro, Dios o - cul - to̮ a - quí,
2. Vis - ta, tac - to̮ y gus - to ve - lan tu ver - dad,
3. La cruz es - con - dí - a tu di - vi - ni - dad,

1. A - dó - ro te de - vó - te, la - tens Dé - i - tas,
2. Vi - sus, tac - tus, gu - stus in te fál - li - tur,
3. In cru - ce la - té - bat so - la Dé - i - tas,

1. que ve - las - te̮ el ros - tro ba - jo pan por mí;
2. só - lo̮ o - í - do̮ al jus - to da se - gu - ri - dad;
3. y la̮ eu - ca - ris - tí - a tu hu - ma - ni - dad;

1. Quae sub his fi - gú - ris ve - re lá - ti - tas:
2. Sed au - dí - tu so - lo tu - to cré - di - tur:
3. At hic la - tet si - mul et hu - má - ni - tas:

1. y̮ en a - mor___ des - he - cho vién - do - te, Se - ñor,
2. lo que̮ an - sió___ de - cir - me Cris - to, cre - o fiel;
3. am - bas ju - ro̮ em - pe - ro que pre - sen - tes son,

1. Ti - bi se cor me - um to - tum súb - ji - cit
2. Cre - do quid - quid di - xit De - i Fí - li - us:
3. Am - bo ta - men cre - déns at - que cón - fi - tens,

1. rín - de - se mi pe - cho to - do̮ an - te tu̮ a - mor.
2. no̮ hay na - da más fir - me, la ver - dad es él.
3. y̮ u - na gra - cia̮ es - pe - ro co - mo̮ el buen la - drón.

1. Qui - a te con - tém - plans to - tum dé - fi - cit.
2. Nil hoc Ver - bo ve - ri - tá - tis vé - ri - us.
3. Pe - to quod pe - tí - vit la - tro paé - ni - tens.

Atrib. a Tomás de Aquino, c. 1225–1274
Tr. al esp. anón.

Canto gregoriano, Modo V, siglo XVII

ESTRIBILLO

ESTRIBILLO *Todos*

He-nos a-quí, oh dul-ce en-can-to, pa-ra_a-la-
bar tu co-ra-zón, y ben-de-cir tu
nom-bre— san-to con tier-no_a-mor, con de-vo-ción.

ESTROFAS *Cantor/Coro*

1. A-man-te_y buen___ Je-sús, lle-nos de fe ve-
2. Tú, buen Je-sús,___ tú das con-sue-lo_y san-ta
3. Oh dul-ce co - ra-zón, se-a tu sa-cra_he-
4. Te con-sa-gra - mos hoy, ¡Oh Sal-va-dor a-
5. Tu-yos que-re - mos ser, ¡oh co-ra-zón a-

1. ni - mos ___ pa-ra_im-plo-rar tu pro-tec-
2. cal - ma; tú___ das___ a - li-vio_en la_a-flic-
3. ri - da ___ nues-tro re-fu-gio_y sal-va-
4. ma - do! nues-tra al-ma y nues-tro co-ra-
5. ma - ble! ___ He-nos a-quí sin res-tric-

1. ción. An-te tu san-to_al-tar,___ ve-nos, Se-
2. ción, Y sin tu_a-mor, Se - ñor,___ ¡oh cuán-to
3. ción. Da-nos a-llí lu - gar___ en es-ta
4. zón; ¡Ah! da-nos tú_el a - mor___ que ma-na
5. ción, Da-nos al ex-pi-rar,___ ¡oh Re-den-

Al Estribillo

1. ñor, ren-di - dos.
2. su-fre_el al - ma!
3. tris-te vi - da. } Da-nos tu ben-di-ción.___
4. tu cos-ta - do.
5. tor a - fa - ble!

Tradicional

Harry Lojewski
Música © 1998, WLP

Devocional / Devotional

193 Himno a la Virgen de la Providencia

Hymn to Our Lady of Divine Providence
(G193 • K243)

Vir - gen San - ta___ de la Pro - vi - den - cia,___

Ma - dre de cle - men - cia,___ Ho - nor del Ca - ri - be.___

Pro - tec - to - ra Bo - rin - quen te a - cla - ma,

Pa - tro - na te lla - ma___ y a tu am - pa - ro vi - ve.

Los bo - ri - cuas,___ tus hi - jos a - ma - dos,___ lle - gan___ con -

fia - dos___ a bus - car los bie - nes que les brin - da

con to - do ca - ri - ño, por tu ma - no el Ni - ño___

que en los bra - zos tie - nes.___ Es - te Ni - ño___

que re - po - sa en cal - ma,___ des - pier - to en el al - ma,___

en Bo - rin - quen sue - ña; y se a - le - gra___

Nación / Nation

de que ha-yas que - ri - do_____ por tro- no es- cc

gi - do,_____ ¡tie - rra bo - rin - que - ña!

¡Puer-to Ri - co,_____ te tien-de su bra - zo,_____ só-lo en tu re-

ga - zo_____ des-can-sar a - ño - ra!_____ Y te

pi - de que si - gas cons-tan - te sien-do en to-do ins-

tan - te_____ su fiel Pro-tec - to - ra._____

Saturnino Junquera, S.J.   Ery Igartua

¡Tú Reinarás!

You Will Reign
(G194 • K60)

ESTROFAS

1. ¡Tú rei - na - rás!, és - te es el gri - to que ar - dien- te ex-
2. ¡Tú rei - na - rás!, di - cho - sa e - ra, di - cho - so
3. ¡Tú rei - na - rás!, en es - te sue - lo; te pro - me -
4. ¡Tú rei - na - rás!, rei - na ya a- ho - ra en es - ta

1. ha - la nues - tra fe. ¡Tú rei - na - rás!, oh Rey ben-
2. pue - blo con tal Rey; se - rá tu cruz nues - tra ban-
3. te - mos nues- tro a - mor; ¡oh buen Je - sús!, da - nos con-
4. ca - sa y po - bla - ción; ten com - pa - sión del que te im-

1. di - to, pues tú di - jis - te, "Rei - na - ré."
2. de - ra, tu a- mor se - rá la nues - tra ley.
3. sue - lo en es - te va - lle de do - lor.
4. plo - ra y a- cu - de a ti en la a - flic - ción.

ESTRIBILLO

Rei - ne, Je - sús, por siem - pre, rei - ne tu co - ra -

zón; en nues- tra pa - tria, en nues- tro sue - lo, que es de Ma -

rí - a la na - ción; en nues- tra pa - tria, en nues - tro

sue - lo, que es de Ma - rí - a la na - ción.

Francois X. Moreau

Nación / Nation

Venid y Vamos Todos 1

ESTRIBILLO

Ve - nid,— y va - mos to - dos con flo - res a—— por-
fí - a, con flo - res a— Ma - rí - a, que Ma - dre nues - tra
es, con flo - res a— Ma - rí - a, que Ma - dre nues-tra es.

ESTROFAS

1. De nue-vo a-quí— nos tie - nes, Pu - rí - si - ma— Don-
2. Ve - ni - mos a o - fre - cer - te las flo - res de es - te
3. Tam-bién te pre - sen - ta - mos cual más pre - cia - dos

1. ce - lla, más que la lu - na be - lla, pos-
2. sue - lo con cuan - to a - mor— y an - he - lo, Se-
3. do - nes, ren - di - dos co - ra - zo - nes, que

Al Estribillo

1. tra - dos a— tus pies, pos - tra - dos a tus pies.
2. ño - ra, tú— lo ves, Se - ño - ra, tú lo ves.
3. tú— ya los— po - sees, que tú ya los po - sees.

Tradicional

Virgen María / Virgin Mary

6 Ave de Lourdes

LOURDES   11 11 con Estribillo

1. Del cie - lo ha ba - ja - do la Ma - dre de Dios;
2. Oh vir - gen sin man - cha, oh Ma - dre de a - mor,
3. Tú e - res el or - gu - llo del Dios Cre - a - dor,

1. can - te - mos el a - ve a su con - cep - ción.
2. el án - gel te o - frez - ca mi sa - lu - ta - ción.
3. y el fru - to más dig - no de la re - den - ción.

A - ve, a - ve, a - ve, Ma - rí - a.

A - ve, a - ve, a - ve, Ma - rí - a.

Tradicional   Tradicional pirenaica

197 Adiós, Reina del Cielo

Estribillo: A - diós, Rei - na del cie - lo, Ma - dre del Sal - va - dor.

1. De tu di - vi - no ros - tro me a - le - jo con pe - sar;
2. A - diós, Rei - na del cie - lo, Ma - dre del Sal - va - dor,
3. De tu di - vi - no ros - tro la be - lle - za al de - jar,
4. A de - jar - te oh Ma - rí - a, no a - cier - ta el co - ra - zón:
5. A - diós, Hi - ja del Pa - dre; Ma - dre del Hi - jo, a - diós.
6. A - diós, oh Ma - dre Vir - gen, más pu - ra que la luz:
7. A - diós, del cie - lo en - can - to, mi de - li - cia y mi a - mor,

E: A - diós, oh Ma - dre mí - a. A - diós, a - diós, a - diós.

1. per - mí - te - me que vuel - va tus plan - tas a be - sar.
2. dul - ce pren - da a - do - ra - da de mi sin - ce - ro a - mor.
3. per - mí - te - me que vuel - va tus plan - tas a be - sar.
4. te lo en - tre - go, Se - ño - ra, da - me tu ben - di - ción.
5. Del Es - pí - ri - tu San - to, oh cas - ta Es - po - sa a - diós.
6. ja - más, ja - más me ol - vi - des de - lan - te de Je - sús.
7. a - diós, oh Ma - dre mí - a, a - diós, a - diós, a - diós.

Tradicional

Virgen María / Virgin Mary

ESTRIBILLO

Oh Ma- rí - a, Ma-dre mí - a, oh con - sue - lo del mor- tal,

am-pa-rad-me y gui-ad-me a la pa - tria ce-les- tial;   tial.

ESTROFAS

1. Con el án - gel de Ma - rí - a las gran-
2. Quien a ti fer - vien - te cla - ma ha - lla a -
3. Pues te lla - mo con fe vi - va, mues - tra, oh
4. Hi - jo fiel qui - sie - ra a - mar - te y por
5. Del e - ter - no las ri - que - zas por ti

1. de - zas ce - le - brad; trans - por - ta - dos de a - le -
2. li - vio en el pe - sar, pues tu nom - bre luz de -
3. Ma - dre, tu bon - dad; a mí vuel - ve com - pa -
4. ti no más vi - vir y por pre - mio de en - sal -
5. lo - gre dis - fru - tar, y con - ti - go sus fi -

Al Estribillo

1. grí - a sus fi - ne - zas pu - bli - cad.
2. rra - ma, go - zo y bál - sa - mo sin par.
3. si - va tu mi - ra - da de pie - dad.
4. zar - te en - sal - zán - do - te mo - rir.
5. ne - zas pa - ra siem - pre pu - bli - car.

Tradicional

Virgen María / Virgin Mary

199 Oh Santísima

SICILIAN MARINERS 557 557

O Most Holy One
(G199 • K130)

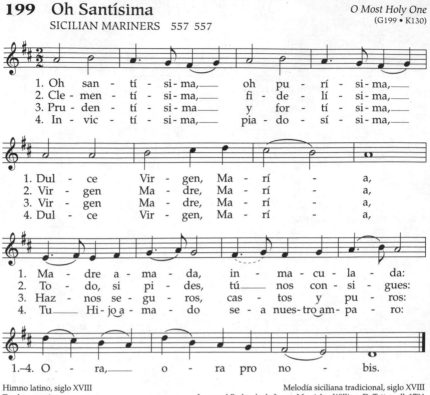

1. Oh san - tí - si - ma,___ oh pu - rí - si - ma,___
2. Cle - men - tí - si - ma,___ fi - de - lí - si - ma,___
3. Pru - den - tí - si - ma___ y for - tí - si - ma,___
4. In - vic - tí - si - ma,___ pia - do - sí - si - ma,___

1. Dul - ce Vir - gen, Ma - rí - a,
2. Vir - gen Ma - dre, Ma - rí - a,
3. Vir - gen Ma - dre, Ma - rí - a,
4. Dul - ce Vir - gen, Ma - rí - a,

1. Ma - dre a - ma - da, in - ma - cu - la - da
2. To - do, si pi - des, tú___ nos con - si - gues:
3. Haz - nos se - gu - ros, cas - tos y pu - ros:
4. Tu___ Hi - jo a - ma - do se - a nues-tro am- pa - ro:

1.–4. O - ra,___ o - ra pro no - bis.

Himno latino, siglo XVIII
Tr. al esp. anón.

Melodía siciliana tradicional, siglo XVIII
Improved Psalmody de James Merrick y William D. Tattersall, 1794

200 Te Saludamos, Virgen María

We Greet You, Virgin Mary
(G200 • K134)

ESTRIBILLO

Todos

Te sa - lu - da - mos, Vir - gen Ma - rí - a, lle - na de

gra - cia, y ben - de - ci - mos a Cris - to, tu Hi - jo. A

él ho - nor y po - ten - cia por los si - glos. A - mén.

Virgen María / Virgin Mary

ESTROFAS 1, 3, 5, 7, 9

Cantor/Coro

1. Santa Ma - ría, Santa Madre de Dios,
3. Madre siempre Virgen, Madre del buen con - sejo,
5. Fuente de nuestra ale - gría, Mo - rada del Es - píritu, Mo -
7. Consuelo del que llora, Au - xilio del cris - tiano, Re -
9. Reina de los mártires, Reina de las vírgenes,

Todos

Al Estribillo

1. Vir - gen__ sin i - gual.__
3. Ma-dre dig-na de a - mor.__
5. de - lo de san - ti - dad.__ } Rue - ga por no - so - tros.
7. fu - gio del pe - ca - dor.__
9. Rei - na__ de los san-tos.

ESTROFAS 2, 4, 6, 8, 10

Cantor/Coro

2. Madre de Cristo, Madre de gracia di - vina,
4. Madre admi - rable, Virgen pode - rosa,
6. Arca de la A - lianza, Puerta del cielo, Es -
8. Reina de los Ángeles, Reina de los A - póstoles,
10. Reina Inmacu - lada, Reina ele - vada al cielo,

Todos

Al Estribillo

2. Ma - dre del Sal - va - dor.__
4. Vir - gen cre - yen - te.__
6. tre - lla de la ma - ña - na. } Rue - ga por no - so - tros.
8. Rei - na de los Pro - fe - tas.
10. Rei - na__ de la paz.__

Lucien Deiss
Tr. al esp. por María Pilar de la Figuera

Lucien Deiss
Texto y música © 1966, WLP

Virgen María / Virgin Mary

201 Buenos Días, Paloma Blanca

Good Morning, Dove So Pure
(G201 • K123)

ESTROFAS

1. Bue - nos días, Pa - lo - ma Blan - ca, hoy te
   sa - lu - dan - do tu be - lle - za en tu
2. Ni - ña lin - da, ni - ña san - ta, tu dul -
   por- que_e - res tan sa - cro - san - ta, hoy te
3. ¡Qué lin - da_es - tá la ma - ña - na! El a -
   des - pi - de sua - ves o - lo - res an - tes
4. Cie - lo_a - zul yo te con - vi - do en es -
   a que pres - tes tu_her - mo - su - ra a las

1. ven - go_a sa - lu - dar,____
   tro - no ce - les - tial.____
   E - res Ma - dre
2. ce nom - bre_a - la - bar;____
   ven - go_a sa - lu - dar.____
   Re - lu - cien - te
3. ro - ma de las flo - res
   de rom - per el al - ba.
   Mi pe - cho con
4. te di - cho - so dí - a
   flo - res de Ma - rí - a.
   Ma - dre mía de

1. del Crea - dor,____ y_a mi co - ra - zón en -
2. co - mo_el al - ba, pu - ra, sen - ci - lla_y sin
3. voz u - fa - na gra - cias te da, Ma - dre
4. Gua - da - lu - pe, da - me ya tu ben - di -

1. can - tas; gra - cias te doy con____ a - mor.____
2. man - cha. ¡Qué gus - to re - ci - be mi al - ma!
3. mí - a; en es - te di - cho - so dí - a
4. ción;____ re - ci - be_es - tas ma - ña - ni - tas

1. Bue - nos días, Pa - lo - ma Blan - ca.
2. Bue - nos días, Pa - lo - ma Blan - ca.
3. an - tes de rom - per el al - ba.
4. de mi_hu - mil - de co - ra - zón.____

Tradicional

Nuestra Señora de Guadalupe / Our Lady of Guadalupe

1. Oh Vir-gen de Gua - da - lu - pe, yo te
2. A Juan Die - go a - pa - re - cis - te en el
3. Es - cu - cha, Ma - dre a - mo - ro - sa, nues - tro
4. Y no - so - tros que vi - vi - mos le - jos
5. Hoy, el dí - a que vi - nis - te nues - tro
6. ¡Sal - va, Vir - gen sin man - ci - lla, de be -
7. Tú bri - llas - te, Vir - gen San - ta, co - mo es -
8. Hoy a tus pies a - cu - di - mos, díg - na -
9. "Quie - ro ser la Ma - dre vues - tra, a - quí un

1. ven - go a sa - lu - dar, y a tra - er - te mi ca -
2. ce - rro Te - pe - yac; y bro - ta - ron ro - sas
3. tier - no su - pli - car; no a - ban - do - nes a tu
4. del pa - trio so - lar, po - ne - mos nues - tras mi -
5. sue - lo a vi - si - tar, a - cu - di - mos a pos -
6. lle - za sin i - gual! De Gua - da - lu - pe es tu
7. tre - lla ma - ti - nal, a - nun - cian - do la al - bo -
8. te, Ma - dre, mi - rar a tus hi - jos que llo -
9. tem - plo a mí e - le - vad; y co - mo Ma - dre a - mo -

1. / **2.**

1. ri - ño an - te el tro - no de tu al - tar, | tar.
2. be - llas de tu ca - ri - ño en se - ñal, | ñal.
3. pue - blo que pre - ten - den a - rrui - nar, | nar.
4. ra - das en tu i - ma - gen ce - les - tial, | tial.
5. trar - nos con ca - ri - ño an - te tu al - tar, | tar.
6. nom - bre y tu tro - no el Te - pe - yac, | yac.
7. ra - da que i - ba pron - to a co - men - zar, | zar.
8. ran - do ve - ni - mos an - te tu al - tar, | tar.
9. ro - sa siem - pre os he de es - cu - char, | char."

Tradicional

Nuestra Señora de Guadalupe / Our Lady of Guadalupe

ESTROFAS

1. Oh Vir - gen, la más her - mo - sa del Va -
2. Cuan - do mi - ro tu ca - ri - ta lle - na
3. Ma - dre de los me - xi - ca - nos di - jis -
4. Re - ci - be, Ma - dre que - ri - da, nues - tra
5. A - que - lla a - le - gre ma - ña - na en que a -
6. Mi - ra que soy me - xi - ca - no y por
7. Re - ci - be, Ma - dre que - ri - da, nues - tra
8. En - vi - dia no ten - go a na - die si - no al
9. Sal - ve, Vir - gen sin man - ci - lla, de be -
10. Tú bri - llas - te, Vir - gen San - ta, co - mo es -
11. Hoy a tus pies a - cu - di - mos; díg - na -

1. lle del A - ná - huac, tus hi - jos muy de ma -
2. de tan - to can - dor, qui - sie - ra dar - te mil
3. te ve - nías a ser; pues ya lo ves, Mo - re -
4. fe - li - ci - ta - ción hoy por ser el día tan
5. pa - re - cis - te a Juan, mien - tras Dios me dé la
6. e - so tu - yo soy; bus - ca en va - no en el
7. fe - li - ci - ta - ción; mí - ra - nos a - quí pos -
8. án - gel que a tus pies; ha - ce cua - tro - cien - tos
9. lle - za sin i - gual, de Gua - da - lu - pe es tu
10. tre - lla ma - ti - nal, a - nun - cian - do la al - bo -
11. te, Ma - dre, mi - rar a tus hi - jos que llo -

1. ña - na te vie - nen a sa - lu - dar.
2. be - sos pa - ra mos - trar - te mi a - mor.
3. ni - ta, sí te sa - be - mos que - rer.
4. gran - de de tu tier - na a - pa - ri - ción.
5. vi - da, nun - ca se me ol - vi - da - rá.
6. mun - do quien te quie - ra más que yo.
7. tra - dos y da - nos tu ben - di - ción.
8. a - ños que te sir - ve de es - ca - bel.
9. nom - bre y tu tro - no el Te - pe - yac.
10. ra - da que i - ba pron - to a co - men - zar.
11. ran - do ve - ni - mos an - te tu al - tar.

ESTRIBILLO

Des - pier - ta, Ma - dre, des - pier - ta, mi - ra que ya a - ma - ne - ció,

Nuestra Señora de Guadalupe / Our Lady of Guadalupe

The Guadalupe Story (G204 • K125)

Las Aparaciones Guadalupanas (Desde el Cielo) 204

Tradicional

1. ¡Qué lin - da es - tá la ma - ña - na
2. De las es - tre - llas del cie - lo
3. Qui - sie - ra ser un San Juan,

1. en que ven - go a sa - lu - dar - te!
2. ten - go que ba - jar - te dos:
3. qui - sie - ra ser un San Pe - dro,

1. Ve - ni - mos to - dos con gus - to
2. u - na pa - ra sa - lu - dar - te
3. y ve - nir - te a sa - lu - dar

1. y pla - cer a fe - li - ci - tar - te.
2. y o - tra pa' de - cir - te a - diós.
3. con la mú - si - ca del cie - lo.

1. El dí - a en que tú na - cis - te
2. ¡Ya vie - ne al - bo - rean - do el dí - a!,
3. El ce - rro del Te - pe - yac

1. na - cie - ron to - das las flo - res,
2. ¡que lin - da es - tá la ma - ña - na!
3. es - co - gis - te por mo - ra - da;

1. y en la pi - la del bau - tis - mo
2. Sa - lu - de - mos a Ma - rí - a:
3. por e - so te sa - lu - da - mos:

1. can - ta - ron los rui - se - ño - res.
2. ¡Bue - nos dí - as, Gua - da - lu - pa - na!
3. ¡Bue - nos dí - as, Gua - da - lu - pa - na!

*Es costumbre añadir dos compases para extender esta frase.
It is customary to extend this phrase by adding two measures.

Nuestra Señora de Guadalupe / Our Lady of Guadalupe

Ya vie - ne a - ma - ne - cien - do,——— ya la luz del

dí - a nos dio;——————— le - ván - ta - te, Vir - gen -
                                                      **de ma -

ci - ta,——— mi - ra que ya a - ma - ne - ció.————
ña - na,———

Tradicional

**Se puede cantar "de mañana" en vez de "Virgencita."
"De mañana" may be sung in place of "Virgencita."

Farewell, O Virgin of Guadalupe
(G206 • K119)

Adiós, Oh Virgen 206
de Guadalupe

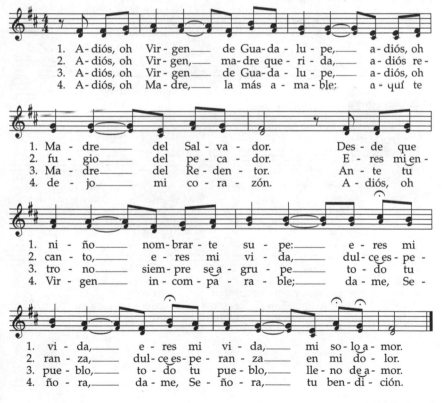

1. A - diós, oh Vir - gen——— de Gua - da - lu - pe,——— a - diós, oh
2. A - diós, oh Vir - gen,——— ma - dre que - ri - da,——— a - diós re -
3. A - diós, oh Vir - gen——— de Gua - da - lu - pe,——— a - diós, oh
4. A - diós, oh Ma - dre,——— la más a - ma - ble; a - quí te

1. Ma - dre——— del Sal - va - dor.   Des - de que
2. fu - gio——— del pe - ca - dor.   E - res mi en -
3. Ma - dre——— del Re - den - tor.   An - te tu
4. de - jo——— mi co - ra - zón.   A - diós, oh

1. ni - ño——— nom - brar - te su - pe:——— e - res mi
2. can - to,——— e - res mi vi - da,——— dul - ce es - pe -
3. tro - no——— siem - pre se a - gru - pe——— to - do tu
4. Vir - gen——— in - com - pa - ra - ble;——— da - me, Se -

1. vi - da,——— e - res mi vi - da,——— mi so - lo a - mor.
2. ran - za,——— dul - ce es - pe - ran - za——— en mi do - lor.
3. pue - blo,——— to - do tu pue - blo,——— lle - no de a - mor.
4. ño - ra,——— da - me, Se - ño - ra,——— tu ben - di - ción.

Tradicional

Nuestra Señora de Guadalupe / Our Lady of Guadalupe

207 Sol de este Pueblo

ESTROFAS

Cantor

1. Me gus-ta can-tar-le a la vi - da, me
2. Es - tre - llas tie - nes por man - to, la
3. Ra - mi - tos de o - lo - ro - sas ro - sas, nar -
4. Con man - das e in - cien - so en las ma - nos, can -

1. gus - ta can - tar-le al a - mor,
2. lu - na des - can - sa a tus pies,
3. di - tos y a zaha - res en flor,
4. tan - do y dan - zan-do en tu ho - nor,

1. me gus - ta can - tar - le a mi Ma - dre
2. tú e - res el Sol de es - te pue - blo
3. per - fu - man tu ho - gar, Ma - dre - ci - ta, y a
4. ve - ni - mos de tie - rras le - ja - nas,

1. de Gua - da - lu - pe por don - de voy,
2. por - que al mun-do en-te - ro tú le traes la luz,
3. to - do el que su - fre mues - tras com - pa - sión,
4. so - mos pe - re - gri - nos bus - can - do tu a - mor;

1. me gus - ta can - tar - le a mi Ma - dre
2. tú e - res el Sol de es - te pue - blo
3. per - fu - man tu ho - gar, Ma - dre - ci - ta, y a
4. ve - ni - mos de tie - rras le - ja - nas,

1. de Gua - da - lu - pe por don - de voy.
2. por - que al mun-do en-te - ro tú le traes la luz.
3. to - do el que su - fre mues - tras com - pa - sión.
4. so - mos pe - re - gri - nos bus - can - do tu a - mor.

Nuestra Señora de Guadalupe / Our Lady of Guadalupe

Todos

¡Vi - va pa - ra siem - pre la Gua - da - lu - pa - na, la

Vir - gen Mo - re - na, la del Te - pe - yac! ¡E - lla es la a - le -

grí - a, el Sol de es - te pue - blo, se - ñal de jus -

1.

2. *A las Estrofas*
(Final)

ti - cia, es - pe - ran - za y a - mor! mor!

Cuco Chávez
Texto y música © 1994, GIA

Nuestra Señora de Guadalupe / Our Lady of Guadalupe

208 Mi Virgen Ranchera

Regional Song to the Virgin of Guadalupe
(G208 • K249)

1. A ti, Vir-gen-ci-ta,____ mi Gua-da-lu-pa-na,
Yo quie-ro de-cir-te____ lo que tú ya sa-bes____

2. Yo sé que en el cie-lo____ tú es-cu-chas mi can-to,____
Por pa-tria nos dis-te____ es-te lin-do sue-lo____

1. yo quie-ro o-fre-cer-te un can-to va-lien-te que
que Mé-xi-co te a-ma, que nun-ca es-tá tris-te por-

2. yo sé que con ce-lo nos cu-bre tu man-to; Vir-
y lo ben-di-jis-te por-que e-ra tu an-he-lo: te-

1. Mé-xi-co en-te-ro te di - ga son-rien-te.____
que de nom-brar-te el al - ma se in-fla-ma.____

2. gen-ci-ta chu-la e-res____ un en-can-to.____
ner un san-tua-rio cer-qui - ta del cie-lo.____

1. Tu nom-bre es a-rru-llo y el mun-do lo
2. Oh Vir-gen mo-re-na, mi Vir-gen ran-

1. sa-be. E-res nues-tro or-gu-llo, mi Mé-xi-co es
2. che-ra, e-res nues-tra due-ña, Mé-xi-co es tu

1. tu-yo; tú guar - das la lla-ve.____
2. tie-rra y tú su ban - de-ra.____

*Como aparece aquí, es costumbre extender esta frase; la versión original tiene sólo un compás para esta sílaba.
As notated, it is customary to extend this phrase; the original version has only one measure for this syllable.

Nuestra Señora de Guadalupe / Our Lady of Guadalupe

¡Qué vi - va la Rei - na de los me - xi - ca - nos! La
que con sus ma - nos sem- bró ro - sas be- llas y pu - so en el
cie - lo mi - lla - res de es - tre - llas._____

Chucho Monge
Texto y música © 1945, Promotora Hispano América de Música, S. A.

Nuestra Señora de Guadalupe / Our Lady of Guadalupe

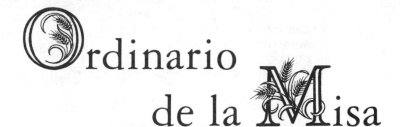

Ordinario de la Misa

✠ Ritos Iniciales ✠

De Pie
Canto de Entrada

El canto de entrada refleja el sentimiento del día o de la estación.
También se puede cantar un salmo o himno apropiado en su lugar.

Saludo

✠ En el nombre del Padre, y del Hijo,
y del Espíritu Santo.   **Amén.**

A La gracia de nuestro Señor Jesucristo,
el amor del Padre
y la comunión del Espíritu Santo
estén con todos vosotros.
Y con tu espíritu.

B La gracia y la paz de parte de Dios, nuestro Padre,
y de Jesucristo, el Señor,
estén con todos vosotros.
Y con tu espíritu.

– o bien –
Bendito seas Dios, Padre de nuestro Señor Jesucristo.

C El Señor esté con vosotros.
El obispo dice: La paz esté con vosotros.
Y con tu espíritu.

Rito para la Bendición y Aspersión del Agua

Este rito puede reemplazar el acto penitencial en el Día del Señor. En este rito
recordamos y damos gracias por nuestro bautismo en Cristo. Al rociar el agua
bendita cantamos una antífona, un aleluya con estrofas, o algún canto bautismal.

Acto Penitencial

**Yo confieso ante Dios todopoderoso
y ante vosotros, hermanos,
que he pecado mucho
de pensamiento, palabra, obra y omisión.**

– nos golpeamos el pecho –

Por mi culpa, por mi culpa, por mi gran culpa.

**Por eso ruego a santa María, siempre Virgen,
a los ángeles, a los santos
y a vosotros, hermanos,
que intercedáis por mí ante Dios, nuestro Señor.**

Dios todopoderoso tenga misericordia de nosotros,
perdone nuestros pecados
y nos lleve a la vida eterna.   **Amén.**

Señor, ten piedad.	**Señor, ten piedad.**
Cristo, ten piedad.	**Cristo, ten piedad.**
Señor, ten piedad.	**Señor, ten piedad.**

¬ o bien –

Kyrie, eléison.	**Kyrie, eléison.**
Christe, eléison.	**Christe, eléison.**
Kyrie, eléison.	**Kyrie, eléison.**

B

Señor, ten misericordia de nosotros.

Porque hemos pecado contra ti.

Muéstranos, Señor, tu misericordia.

Y danos tu salvación.

Dios todopoderoso tenga misericordia de nosotros,
perdone nuestros pecados
y nos lleve a la vida eterna.   **Amén.**

C

El sacerdote u otro ministro dice estas invocaciones u otras semejantes:

Tú que has sido enviado a sanar los corazones afligidos:
   Señor, ten piedad.   **Señor, ten piedad.**
Tú que has venido a llamar a los pecadores:
   Cristo, ten piedad.   **Cristo, ten piedad.**
Tú que estás sentado a la derecha del Padre
   para interceder por nosotros:
   Señor, ten piedad.   **Señor, ten piedad.**

Dios todopoderoso tenga misericordia de nosotros,
perdone nuestros pecados
y nos lleve a la vida eterna.   **Amén.**

Gloria

El Gloria es el himno alegre de la Iglesia; es parte de la Misa los domingos (fuera de Adviento y Cuaresma), en las solemnidades y en las fiestas.

Gloria a Dios en el cielo,
y en la tierra paz a los hombres que ama el Señor.

Por tu inmensa gloria te alabamos, te bendecimos,
te adoramos, te glorificamos, te damos gracias,
Señor Dios, Rey celestial,
Dios Padre todopoderoso.

Señor, Hijo único, Jesucristo,
Señor Dios, Cordero de Dios, Hijo del Padre;
tú que quitas el pecado del mundo,
ten piedad de nosotros;
tú que quitas el pecado del mundo,
atiende nuestra súplica;
tú que estás sentado a la derecha del Padre,
ten piedad de nosotros;

porque sólo tú eres Santo,
sólo tú Señor, sólo tú Altísimo, Jesucristo,
con el Espíritu Santo
en la gloria de Dios Padre.   Amén.

Oración Colecta

*El Sacerdote dice la oración propia
del domingo o de la fiesta.*

✤ Liturgia de la Palabra ✤

SENTADOS

Primera Lectura

Al final de la lectura:

Lector: Palabra de Dios.

Todos: **Te alabamos, Señor.**

Salmo Responsorial

Segunda Lectura

Al final de la lectura:

Lector: Palabra de Dios.

Todos: **Te alabamos, Señor.**

DE PIE

Aclamación del Evangelio

*Todos cantan **Aleluya**.*
Si no se canta la Aclamación del Evangelio, se la omite.

Durante la Cuaresma, se puede cantar estas o parecidas respuestas;

A **Alabanza y honor a ti, Señor Jesús.**

B **Gloria y alabanza a ti, oh Cristo.**

C **Gloria a ti, oh Cristo, Verbo de Dios.**

D **Gloria a ti, Señor, Hijo de Dios vivo.**

Evangelio

Diácono
o Sacerdote: El Señor esté con ustedes.

Todos: **Y con tu espíritu.**

Diácono
o Sacerdote: Lectura del santo Evangelio según San *N.*

Todos: **Gloria a ti, Señor.**

Al final del Evangelio:

Diácono
o Sacerdote: Palabra del Señor.

Todos: **Gloria a ti, Señor Jesús.**

Homilía

Profesión de Fe

CREDO NICENO

Creo en un solo Dios,
Padre todopoderoso,
Creador del cielo y de la tierra,
de todo lo visible y lo invisible.

Creo en un solo Señor, Jesucristo,
Hijo único de Dios,
nacido del Padre antes de todos los siglos:
Dios de Dios, Luz de Luz,
Dios verdadero de Dios verdadero,
engendrado, no creado,
de la misma naturaleza del Padre,
por quien todo fue hecho;
que por nosotros, los hombres,
y por nuestra salvación bajó del cielo,

_____

y por obra del Espíritu Santo
se encarnó de María, la Virgen,
y se hizo hombre;

_____

y por nuestra causa fue crucificado
en tiempos de Poncio Pilato,
padeció y fue sepultado,
y resucitó al tercer día,
según las Escrituras,
y subió al cielo,
y está sentado a la derecha del Padre;
y de nuevo vendrá con gloria
para juzgar a vivos y muertos,
y su reino no tendrá fin.

Creo en el Espíritu Santo,
Señor y dador de vida,
que procede del Padre y del Hijo,
que con el Padre y el Hijo
recibe una misma adoración y gloria,
y que habló por los profetas.
Creo en la Iglesia,
que es una, santa, católica y apostólica.
Confieso que hay un solo bautismo
para el perdón de los pecados.
Espero la resurrección de los muertos
y la vida del mundo futuro. Amén.

Se puede usar el Credo de los Apóstoles en las Misas con niños.

Creo en Dios, Padre todopoderoso,
Creador del cielo y de la tierra.

Creo en Jesucristo,
su único Hijo, nuestro Señor,

TODOS SE
INCLINAN

que fue concebido
por obra y gracia del Espíritu Santo,
nació de santa María Virgen,

---

padeció bajo el poder de Poncio Pilato,
fue crucificado, muerto y sepultado,
descendió a los infiernos,
al tercer día resucitó de entre los muertos,
subió a los cielos
y está sentado a la derecha de Dios, Padre todopoderoso.
Desde allí ha de venir
a juzgar a vivos y muertos.

Creo en el Espíritu Santo,
la santa Iglesia católica,
la comunión de los santos,
el perdón de los pecados,
la resurrección de la carne
y la vida eterna. Amén.

Oración Universal

La comunidad puede responder a cada súplica usando una de las siguientes opciones.
O bien, se puede usar otras.

. . . roguemos al Señor.   **A** **Te rogamos, óyenos.**

B **Señor, escucha nuestra oración.**

C **Te lo pedimos, Señor.**

D **Señor, ten piedad.**

E **Cristo, óyenos.**

Después de la última petición, el sacerdote dice una oración de clausura.

✤ LITURGIA EUCARÍSTICA ✤

✤ Preparación del Altar ✤
y de las Ofrendas

*Se presentan los dones para la Iglesia y para los necesitados.
Si no hay música durante este tiempo, el sacerdote
puede decir en voz alta las siguientes oraciones:*

Bendito seas, Señor, Dios del universo, por este pan,
fruto de la tierra y del trabajo del hombre,
que recibimos de tu generosidad y ahora te presentamos;
él será para nosotros pan de vida.

Bendito seas por siempre, Señor.

Bendito seas, Señor, Dios del universo, por este vino,
fruto de la vid y del trabajo del hombre,
que recibimos de tu generosidad y ahora te presentamos;
él será para nosotros bebida de salvación.

Bendito seas por siempre, Señor.

Oración sobre las Ofrendas

Orad, hermanos, para que este sacrificio, mío y vuestro,
sea agradable a Dios, Padre todopoderoso.

**El Señor reciba de tus manos este sacrificio,
para alabanza y gloria de su nombre,
para nuestro bien y el de toda su santa Iglesia.**

✤ La Plegaria Eucarística ✤
Prefacio

El Señor esté con vosotros.

Y con tu espíritu.

Levantemos el corazón.

Lo tenemos levantado hacia el Señor.

Demos gracias al Señor, nuestro Dios.

Es justo y necesario.

El sacerdote proclama el prefacio. Después, todos cantamos el Santo:

Aclamación del Prefacio

**Santo, Santo, Santo es el Señor,
Dios del Universo.
Llenos están el cielo y la tierra de tu gloria.
Hosanna en el cielo.
Bendito el que viene en nombre del Señor.
Hosanna en el cielo.**

Aclamación Memorial

Éste es el Sacramento de nuestra fe.

– o bien –

Éste es el Misterio de la fe.

Cristo ha muerto. Cristo ha resucitado. Cristo vendrá de nuevo.

– o bien –

I   **Anunciamos tu muerte,
proclamamos tu resurrección.
¡Ven, Señor Jesús!**

II   Aclamad el Misterio de la redención.

**Cada vez que comemos de este pan
y bebemos de este cáliz,
anunciamos tu muerte, Señor,
hasta que vuelvas.**

III   Cristo se entregó por nosotros.

**Por tu cruz y resurrección
nos has salvado, Señor.**

El sacerdote continúa con la plegaria eucarística. Después cantamos el Grán Amén:

Doxología

Por Cristo, con él y en él,
a ti, Dios Padre omnipotente,
en la unidad del Espíritu Santo,
todo honor y toda gloria
por los siglos de los siglos.   **Amén.**

✣ Rito de Comunión ✣
El Padre Nuestro

De Pie

El sacerdote se dirige al pueblo con estas o parecidas palabras:

Fieles a la recomendación del Salvador
y siguiendo su divina enseñanza, nos atrevemos a decir:

**Padre nuestro, que estás en el cielo,
santificado sea tu Nombre;
venga a nosotros tu reino;
hágase tu voluntad en la tierra como en el cielo.
Danos hoy nuestro pan de cada día;
perdona nuestras ofensas,
como también nosotros perdonamos
a los que nos ofenden;
no nos dejes caer en la tentación,
y líbranos del mal.**

⇒

Líbranos de todos los males, Señor,
y concédenos la paz en nuestros días,
para que, ayudados por tu misericordia,
vivamos siempre libres de pecado
y protegidos de toda perturbación,
mientras esperamos la gloriosa venida
de nuestro Salvador Jesucristo.
**Tuyo es el reino, tuyo el poder
y la gloria, por siempre, Señor.**

Rito de la Paz

Señor Jesucristo, que dijiste a tus apóstoles:
"La paz os dejo, mi paz os doy,"
no tengas en cuenta nuestros pecados,
sino la fe de tu Iglesia y, conforme a tu palabra,
concédele la paz y la unidad.
Tú que vives y reinas por los siglos de los siglos.
Amén.

La paz del Señor esté siempre con vosotros.
Y con tu espíritu.

Daos fraternalmente la paz.

Fracción del Pan

**Cordero de Dios, que quitas el pecado del mundo,
ten piedad de nosotros.**

**Cordero de Dios, que quitas el pecado del mundo,
ten piedad de nosotros.**

**Cordero de Dios, que quitas el pecado del mundo,
danos la paz.**

Comunión

Éste es el Cordero de Dios,
que quita el pecado del mundo.
Dichosos los invitados a la cena del Señor.
**Señor, no soy digno de que entres en mi casa,
pero una palabra tuya bastará para sanarme.**

El Cuerpo de Cristo. **Amén.**   La Sangre de Cristo. **Amén.**

*Cantamos un canto que expresa nuestra comunión
en el Cuerpo y la Sangre de Cristo Jesús.*

Canto de Comunión

SENTADOS

*Después de la comunión se puede guardar unos momentos de silencio
y/o cantar un salmo o cántico de alabanza.*

✠ Rito de Conclusión ✠

Después de los anuncios, siguen la bendición y la despedida:

El Señor esté con vosotros.   **Y con tu espíritu.**

Bendición

A

Bendición Sencilla

La bendición de Dios todopoderoso,
Padre, Hijo, ✠ y Espíritu Santo,
descienda sobre vosotros.   **Amén.**

B

Bendición Solemne

*Inclinamos la cabeza y respondemos **Amén** a cada versículo de la bendición.*

C

Oración sobre el Pueblo

*Inclinamos la cabeza y respondemos **Amén** a la oración y a su bendición.*

D

Bendición del Obispo

El obispo puede bendecir al pueblo usando el siguiente formulario:

Bendito sea el nombre del Señor.

Ahora y por todos los siglos.

Nuestro auxilio es el nombre del Señor.

Que hizo el cielo y la tierra.

La bendición de Dios todopoderoso,
Padre, Hijo, ✠ y Espíritu Santo,
descienda sobre vosotros.   **Amén.**

Despedida

El diácono o el sacerdote despide al pueblo con estas o parecidas palabras:

Podéis ir en paz.

Demos gracias a Dios.

*En la Vigilia Pascual, el Domingo de Pascua, y durante su Octava,
el diácono o el sacerdote despide al pueblo con estas palabras:*

Podéis ir en paz, aleluya, aleluya.

210   Todos   De- mos gra- cias a Dios.   A- le- lu- ya, a- le- lu- ya.

Canto llano

La Misa concluye con un canto, con música instrumental, o en silencio.

úsica

para la

isa

Service Music
for the Mass

MISAS COMPLETAS ✤ *Mass Settings*

Misa de Santa María del Lago
Steven R. Janco

SETTING 1

211   Señor, Ten Piedad

Lord, Have Mercy
(G211 • K156)

Misa de Santa María del Lago

Steven R. Janco
Música © 1996, WLP

212   Gloria

Glory to God
(G212 • K157)

ESTRIBILLO

ESTROFA 1

Al Estribillo

1. Rey ce - les - tial, Dios Pa - dre to - do - po - de - ro - so.

ESTROFA 2
Cantor/Coro

2. Se - ñor, Hi - jo ú - ni - co,— Je - su -

2. cris - to.— Se - ñor Dios, Cor - de - ro de Dios,

2. Hi - jo— del Pa - dre: tú que qui - tas el pe - ca - do del

2. mun - do, ten— pie - dad— de no - so - tros;— tú que

2. qui - tas el pe - ca - do del mun - do,— a - tien - de nues - tra

2. sú - pli - ca;— tú que es - tás sen - ta - do

2. a la de - re - cha del Pa - dre, ten— pie -

Al Estribillo

2. dad, ten pie - dad de no - so - tros.

ESTROFA 3
Cantor/Coro

3. Por - que só - lo tú— e - res San - to,— só - lo tú— Se -

3. ñor,— só - lo tú— Al - tí - si - mo, Je - su -

⇒

3. cris - to, con el Es - pí - ri - tu San - to en la

Al Estribillo

3. glo - ria de Dios Pa - dre. A - mén,___ A - mén.___

Misa de Santa María del Lago
Steven R. Janco
Música © 1996, WLP

213 Aclamación del Evangelio

Gospel Acclamation
(G213 • K158)

ESTRIBILLO

Cantor/Todos

¡A - le-lu - ya, a - le-lu - ya, a - le-lu - ya!___

Misa de Santa María del Lago
Steven R. Janco
Música © 1996, WLP

214 Santo

Holy, Holy, Holy
(G214 • K159)

Todos (o Cantor/Coro)

San - to, San - to, San - to es el Se - ñor, Dios del U - ni -

ver - so.___ Lle - nos es - tán el cie - lo y la tie - rra

de tu glo - ria.___ Ho - san - na en el cie - lo.___

(Todos) (Cantor/Coro)

Ho - san - na en el cie - lo.___ Ben - di - to el que

Misa Musical / Mass Setting 1

vie - ne en nom - bre— del Se - ñor.———

(Todos)

Ho - san - na en el cie - lo.— Ho - san - na en el cie - lo.—

Misa de Santa María del Lago
Steven R. Janco
Música © 1995, WLP

Memorial Acclamation
(G215 • K160)

Aclamación Memorial **215**

Todos (o Cantor/Coro)

A - nun - cia - mos tu muer - te,— pro - cla - ma - mos tu re - su - rrec-

(Todos)

ción.— ¡Ven, Se - ñor Je - sús! ¡Ven, Se - ñor Je - sús!

Misa de Santa María del Lago
Steven R. Janco
Música © 1995, WLP

Great Amen
(G216 • K161)

Gran Amén **216**

Todos (o Cantor/Coro)   *(Todos)*

A - mén. A - mén.

Misa de Santa María del Lago
Steven R. Janco
Música © 1995, WLP

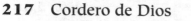

Cantor/Coro   *Todos*

1. Cor - de - ro de Dios,_____
2. Pan_____ de Vi - da,_____
3. Pa - la - bra e - ter - na,_____
4. Luz ver - da - de - ra,_____
5. Hi - jo de Dios,_____
6. Rey de la paz,_____
7. Ca - mi - no al Pa - dre,_____

que qui - tas__ el pe-

1.–7. ca - do del mun - do, ten pie - dad de no - so - tros._____

LA ÚLTIMA VEZ

Cantor/Coro   *Todos*

Cor - de - ro de Dios,_____ que qui - tas__ el pe-

ca - do del mun - do, da - nos__ la paz.

Misa de Santa María del Lago

Steven R. Janco
Música © 1996, WLP

Misa Luna
Peter M. Kolar

Lord, Have Mercy
(G218 • K163)

Señor, Ten Piedad **218**

Sacerdote/Priest/Cantor

Se - ñor,— ten pie - dad.
Lord,— have mer - cy.

Todos/All

Se - ñor,— ten pie - dad.
Lord,— have mer - cy.

Sacerdote/Priest/Cantor

Cris - to,— ten pie - dad.
Christ,— have mer - cy.

Todos/All

Cris - to,— ten pie - dad.
Christ,— have mer - cy.

Sacerdote/Priest/Cantor

Se - ñor,— ten pie - dad.
Lord,— have mer - cy.

Todos/All

Se - ñor,— ten pie - dad.
Lord,— have mer - cy.

ESTROFA OPCIONAL/OPTIONAL VERSE

Ky - ri - e e - le - i - son. Cri - ste e - le - i - son. Ky - ri - e e - le - i - son.

D.C. al Fine

Ten pie - dad— de no - so - tros.

Misa Luna
Peter M. Kolar
Música © 1998, WLP

219 Gloria

ESTRIBILLO

Cantor/Coro/Todos

Glo-ria a Dios en el cie-lo, y en la tie-rra— paz a
los que a-ma el Se-ñor Al - tí - si - mo.

A las Estrofas

Glo-ria a Dios pa-ra siem-pre. ¡A - mén!

Final

mén! Glo-ria a Dios pa-ra siem-pre. ¡A - mén!

ESTROFA 1

Cantor/Coro

1. Por tu in-men - sa— glo - ria te a - la -
1. ba-mos, te ben-de-ci-mos, te a-do-ra-mos,— te glo-ri-fi-

Al Estribillo

1. ca - mos,— te da-mos gra - cias, Se - ñor.

ESTROFA 2

Cantor/Coro

2. Se - ñor Dios,— Rey ce-les-tial, Dios Pa - dre to-do-po-de-
2. ro - so. Se - ñor Hi-jo ú - ni-co, Je-su - cris - to,

Al Estribillo

2. Se-ñor Dios, Cor-de-ro de Dios, tú, el Hi - jo del Pa-dre:

ESTROFA 3

Cantor/Coro

3. Tú— que— qui-tas el pe - ca - do del mun-do, ten pie - dad de no-

3. so- tros; tú— que— qui-tas el pe - ca - do del mun- do,

3. a- tien-de nues-tra sú - pli - ca; · tú que es- tás sen-ta-do a la de-

Al Estribillo

3. re - cha del Pa - dre, ten pie - dad de no - so - tros:

ESTROFA 4

Cantor/Coro

4. Por - que só - lo tú e- res San - to, só - lo tú Se -

4. ñor, só - lo tú Al - tí - si-mo, Je - su - cris - to,

4. con— el Es - pí - ri - tu San - to en la

Al Estribillo

4. glo - ria de Dios Pa - dre.— A - mén.

Misa Luna
Peter M. Kolar
Música © 1998, WLP

220 Aclamación del Evangelio

Gospel Acclamation
(G220 • K165)

ESTRIBILLO/REFRAIN

¡A - le - lu - ya, a - le - lu - ya, a - le - lu - ya, a - le - lu - ya!

¡A - le - lu - ya, a - le - lu - ya, a - le - lu - ya! ¡A - mén!

Misa Luna
Peter M. Kolar
Música © 1998, WLP

221 Santo

Holy, Holy, Holy
(G221 • K166)

Todos

San - to, San - to, San - to es el Se - ñor,

Dios del U - ni - ver - so. Lle - nos es - tán el

cie - lo y la tie - rra de tu glo - ria. Ho - san - na.

ESTRIBILLO

Cantor/Todos

¡Ho - san - na en el cie - lo, ho - san - na en el cie - lo, ho-

san - na en el cie - lo, ho - san - na! ¡Ho - san - na en el cie - lo, ho-

(⌢) (Final)

san - na en el cie - lo, ho - san - na en el cie - lo, ho - san - na!

ESTROFA

Coro

Ben - di - to el que vie - ne en nom - bre del Se - ñor.

Al Estribillo

¡Ho - san - na en el cie - lo, ho - san - na!

Misa Luna
Peter M. Kolar
Música © 1998, WLP

Memorial Acclamation
(G222 • K167)

Aclamación Memorial 222

Todos

Cris - to ha muer - to, y ha re - su - ci - ta - do;

Cris - to ven - drá de nue - vo.

Misa Luna
Peter M. Kolar
Música © 1998, WLP

Great Amen
(G223 • K168)

Gran Amén 223

Todos

A - mén. A - mén. Por los

si - glos de los si - glos. ¡A - mén!

Misa Luna
Peter M. Kolar
Música © 1998, WLP

Misa Musical / Mass Setting 2

Todos

Pa - dre nues - tro— que_es - tás en el cie - lo, san - ti - fi - ca - do

se - a tu nom - bre; vén - ga - nos tu rei - no; há - ga -

se tu vo - lun - tad en la tie - rra— co - mo_en el cie - lo.

Da - nos hoy nues - tro pan de ca - da dí - a; per - do - na nues - tras o -

fen - sas, co - mo tam - bién no - so - tros per - do - na - mos a

los que— nos o - fen - den; no nos de - jes ca -

er en la ten - ta - ción, y lí - bra - nos del mal, Pa - dre nues - tro.

Coro/Todos

Lí - bra - nos del mal, lí - bra - nos del mal,

lí - bra - nos del mal. ¡A - mén!

Misa Luna

Peter M. Kolar
Música © 1998, WLP

Cordero de Dios **225**

Cor- de - ro de Dios,——— que qui-tas el pe-ca - do del mun-do,

ten pie- dad,—— ten pie - dad,— ten pie- dad de no-so - tros.

Cor- de - ro de Dios,——— que qui-tas el pe-ca - do del mun-do,

da - nos la paz, da - nos la paz,

da - nos la paz, Cris - to Je - sús.

Misa Luna
Peter M. Kolar
Música © 1998, WLP

La Misa Ranchera
Pedro Rubalcava

226 Gloria

ESTRIBILLO

Allegro — *Todos*

Glo-ria a Dios en el cie-lo y en la tie-rra paz a los hom-bres___ que a-ma el Se-ñor.___

1., 3. *A las Estrofas 1, 3* | 2. *A la Estrofa 2*
(⌢) (Final) Lento — ñor.

ESTROFA 1

Cantor

1. Por tu in-men-sa glo-ria te a-la-ba-mos, te ben-de-ci-mos,___ te___ a-do-ra-mos, te glo-ri-fi-ca-mos, te da-mos gra-cias,___ Se-ñor Dios, Rey ce-les-tial, Dios___ Pa-dre to-do-po-de-ro-so.___

Al Estribillo

ESTROFA 2

Lento — *Cantor/Coro*

2. Se-ñor, Hi-jo ú-ni-co, Je-su-cris-to.___ Se-ñor Dios, Cor-de-ro de Dios, Hi-jo del Pa-dre;___

Cantor

tú que

Coro

2. qui-tas el pe-ca-do del mun-do, ten pie-dad de no-

Misa Musical / Mass Setting 3

ESTROFA 3

La Misa Ranchera

Pedro Rubalcava
Música © 2000, WLP

227 Aclamación del Evangelio

ESTRIBILLO

¡A - le - lu-ya, a - le - lu-ya, a - le - lu - ya!

ESTROFAS

1. Haz que com - pren - da-mos_____ tu san - ta pa -

Al Estribillo

1. la- bra; en - cien-de nues- tro co - ra - zón._____

ESTROFAS ADICIONALES

Tiempo Ord.: 2. Yo soy el camino, la verdad y la vida;
nadie va al Padre sino es por mí.

Tiempo Ord.: 3. Yo soy el buen pastor, conozco a mis ovejas
y ellas me conocen.

Adviento: 4. Muéstranos, O Dios, tu misericordia
y danos tu salvación.

Adviento: 5. Preparen el camino, hagan rectos sus senderos
y verán al Salvador.

Pentecostés: 6. Ven, O Espíritu Santo, llena los corazones
y enciende en ellos el fuego de amor.

La Misa Ranchera

Texto (estrofas 1, 5, 6) © 1970, Conferencia Episcopal Española

Pedro Rubalcava
Texto (estrofas 2–4) y música © 1995, WLP

Aclamación Cuaresmal **228**
del Evangelio

ESTRIBILLO

Ho - nor y glo - ria a ti, Se - ñor Je - sús.

Ho - nor y glo - ria a ti, Se - ñor Je - sús.

ESTROFAS

1. No só - lo del pan vi - vi - mos si - no de

Al Estribillo

1. to - da pa - la - bra que vie - ne de Dios.

ESTROFAS ADICIONALES PARA LA CUARESMA

2. En el esplendor de la nube
   se oye la voz del Padre:
   "Éste es mi Hijo, escúchenlo."

3. Tú eres el Salvador del mundo,
   danos de tu agua viva
   para no volver a tener sed.

4. Yo soy la luz del mundo.
   El que me sigue a mí
   tendrá la luz de la vida.

5. Yo soy la resurrección,
   yo soy la vida.
   El que cree en mí nunca morirá.

La Misa Ranchera
Pedro Rubalcava

Texto (estrib.) © 1988, Conferencia Episcopal Mexicana
Texto (estrofas 2–5) © 1970, Conferencia Episcopal Española
Texto (estrofa 1) y música © 1995, WLP

229 Santo

Holy, Holy, Holy
(G229 • K283)

Santo, Santo, Santo es el Se-ñor, Dios del u-ni-ver-so.

Lle-nos es-tán el cie-lo y la tie-rra

1. de tu glo-ria.

2. glo-ria.

Ho-san - na, ho-san - na en el cie-lo.

Ho-san - na, ho-san - na en el cie-lo.

Ben - di - to el que vie - ne en

1. nom - bre del Se - ñor.

2. ñor.

Ho-san - na, ho-san - na en el cie-lo.

Ho-san - na, ho-san - na en el cie-lo.

La Misa Ranchera
Pedro Rubalcava
Música © 1995, WLP

*Primera vez por el cantor sólo; se repite con todos en armonía.
First time by solo cantor. All repeat in harmony.

Misa Musical / Mass Setting 3

Cantor/Todos

A - nun - cia - mos___ tu muer - te, Se - ñor.___

___ pro - cla - ma - mos___ tu re - su - rrec - ción.___

¡Ven, Se - ñor Je - sús!___

La Misa Ranchera
Pedro Rubalcava
Música © 1995, WLP

Great Amen
(G231 • K285)

Gran Amén **231**

Cantor / *Todos* / *Cantor*

¡A - mén! ¡A - mén! ¡A - mén!

Todos / *Cantor* / *Todos*

¡A - mén! ¡A - mén! ¡A - mén!

Cantor

¡A - mén!___

Todos

¡A - mén!___

La Misa Ranchera
Pedro Rubalcava
Música © 1995, WLP

Cor - de - ro de Dios, que qui - tas el pe - ca - do del mun - do,_____

ten pie- dad_____ de no - so - tros._____

Ten pie- dad de no - so - tros._____

*Prín-ci- pe de Paz, que qui-tas el pe - ca - do del mun-do,_____

ten pie- dad_____ de no - so - tros._____

Ten pie- dad de no - so - tros._____

Cor- de - ro de Dios, que qui-tas el pe - ca - do del mun-do,_____

da- nos la paz,_____ da- nos la paz._____

Da- nos la paz, da- nos la paz._____

*Se pueden usar otras invocaciones hasta que termine la fracción del pan:
  Other invocations may be used until the fraction rite has ended:

Hijo de Dios
Cordero Pascual
Pan de Vida
Cristo Jesús
Dios del Amor
Rey de reyes
Copa Salvadora
Palabra de Dios
Verbo-hecho-Carne

La Misa Ranchera

Pedro Rubalcava
Música © 1995, WLP

Misa Caribena
Diego Correa y Damaris Thillet

233 Aclamación del Evangelio

Gospel Acclamation
(G233 • K287)

Misa Caribeña
Diego Correa y Damaris Thillet
Música © 1994, WLP

234 Santo

Holy, Holy, Holy
(G234 • K288)

Cantor

Ben - di - to_el que vie - ne en nom - bre del__ Se - ñor.

Todos

Ho - san - na_en el cie - lo,_____ Ho - san - na al Se - ñor.____

Misa Caribeña
Diego Correa y Damaris Thillet
Música © 1994, WLP

Memorial Acclamation
(G235 • K289)

Aclamación Memorial **235**

Todos

Cris - to__ ha muer - to;__ Cris - to_ha re - su - ci -

ta - do;__ Cris - to__ de nue - vo,__

de nue - vo ven - drá en glo - ria. |1. glo - ria.__ |2.

Misa Caribeña
Diego Correa y Damaris Thillet
Música © 1994, WLP

Great Amen
(G236 • K290)

Gran Amén **236**

Todos

A - mén,__ a - mén.__ Por los si - glos,_ a -

mén. A - mén,__ a - mén.__

|1. Por los si - glos,_ a - mén. |2. Por los__ si - glos, a - mén.

Misa Caribeña
Diego Correa y Damaris Thillet
Música © 1994, WLP

Misa compilada: Gloria al Señor
Lucien Deiss

237 Señor, Ten Piedad

Lord, Have Mercy
(G237 • K171)

Misa Gloria al Señor
Lucien Deiss
Música © 1966, WLP

238 Aclamación del Evangelio

Gospel Acclamation
(G238 • K172)

Lucien Deiss
Música © 1965, 1966, WLP

239 Aclamación Cuaresmal del Evangelio

Lenten Gospel Acclamation
(G239 • K173)

ESTRIBILLO

Lucien Deiss
Tr. al esp. por María Pilar de la Figuera

Lucien Deiss
Texto y música © 1964, WLP

Holy, Holy, Holy
(G240 • K175)

Santo 240

ESTRIBILLO

Cantor/Todos

¡San - to, San - to, San - to el Se - ñor,

pa - ra siem - pre——— es su a - mor!

ESTROFA 1

Cantor/Coro

Al Estribillo

1. San - to, San - to, San - to es el Se - ñor, Dios del U - ni - ver - so.

ESTROFA 2

Cantor/Coro

2. Lle - nos es - tán el cie - lo y la tie - rra de tu

Al Estribillo

2. glo - ria. Ho - san - na en el cie - lo.

ESTROFA 3

Cantor/Coro

3. Ben - di - to el que vie - ne en nom - bre——

Al Estribillo

3. —— del Se - ñor. Ho - san - na en el cie - lo.

Misa Gloria al Señor

Lucien Deiss
Música © 1977, WLP

Misa Musical / Mass Setting 5

241 Aclamación Memorial

Cantor/Todos

A - nun - cia - mos tu muer - te, pro - cla - ma - mos

tu re - su - rrec - ción. ¡Ven, Se - ñor Je - sús!

Misa Gloria al Señor
Lucien Deiss
Música © 1977, WLP

242 Gran Amén

Great Amen
(G242 • K177)

ACLAMACIÓN I

Cantor/Todos

¡A - mén, a - mén, a - mén!

ACLAMACIÓN II

Cantor/Todos

¡A - mén, a - mén, a - mén!

Misa Gloria al Señor
Lucien Deiss
Música © 1977, WLP

243 Cordero de Dios

Lamb of God
(G243 • K178)

Cantor/Todos

1.–2. Cor - de - ro de Dios, que qui - tas el pe - ca - do del mun - do, ten pie -

1.–2. dad de no - so - tros. 3. Cor - de - ro de Dios, que

3. qui - tas el pe - ca - do del mun - do, da - nos la paz.

Misa Gloria al Señor
Lucien Deiss
Música © 1977, WLP

Misa Querubines
Peter M. Kolar

Plegaria Eucarística
para las Misas con Niños II

Preface Dialogue
(G244 • K291)

Diálogo del Prefacio **244**

El Se-ñor esté con us-tedes. Y con tu es-pí-ri-tu.

Le-van-temos el co-ra-zón. Lo tenemos levanta-do ha-cia el Se-ñor.

De-mos gra-cias al Se-ñor, nues-tro Dios. Es jus-to y ne-ce-sa-rio.

Misa Querubines
Peter M. Kolar
Música © 2000, WLP

Prefacio

Sacerdote: En verdad, Padre bueno
hoy estamos de fiesta:
nuestro corazón está lleno de agradecimiento
y con Jesús te cantamos nuestra alegría:

Acclamation
(G245 • K292)

Aclamación 1 **245**

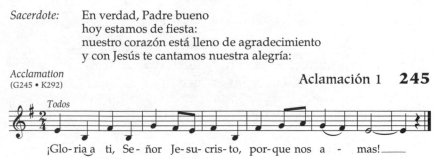

¡Glo-ria a ti, Se-ñor Je-su-cris-to, por-que nos a - mas!___

Misa Querubines
Peter M. Kolar
Música © 2000, WLP

Sacerdote: Tú nos amas tanto,
que has hecho para nosotros
este mundo inmenso y maravilloso.
Por eso te aclamamos:

Todos: **¡Gloria a ti, Señor, porque nos amas!**

⇒

Tú nos amas tanto,
que nos das a tu Hijo, Jesús,
para que él nos acompañe hasta ti.
Por eso te aclamamos:

Todos: **¡Gloria a ti, Señor, porque nos amas!**

Sacerdote: Por ese amor tan grande
queremos darte gracias y cantarte
con los ángeles y los santos
que te adoran en el cielo:

246 Santo

Holy, Holy, Holy
(G246 • K293)

Cantor/Coro

"San - to, San - to, San - to," di - cen los que - ru - bi - nes,

"San - to, San - to, San - to es nues - tro Rey Yah - veh."

San - to, San - to, San - to es el que nos re - di - me.

Por-que mi Dios es san-to, la tie - rra lle-na de su glo-ria es- tá;

por-que mi Dios es san-to, la tie - rra lle-na de su glo-ria es- tá.

ESTRIBILLO

Todos

Cie - lo y tie - rra pa - sa - rán, mas su pa - la - bra no pa - sa - rá.

Cie - lo y tie - rra pa - sa - rán, mas su pa - la - bra no pa - sa - rá.

Fine

No, no, no pa - sa - rá. (No, no, no,) No, no, no pa - sa - rá.

Cantor/Coro

Ben - di - to el que vie - ne en el nom-bre del Se - ñor,

la glo-ria Je - su - cris - to, el Hi - jo de Da - vid.

Ho - san-na en las al - tu - ras, ben - di-to el Sal - va - dor.

Ben - di - to el que vie - ne en el nom-bre del Se - ñor;

Al Estribillo

ben - di - to el que vie - ne en el nom-bre del Se - ñor.

Santo Querubines
Tradicional

Plegaria Eucarística

Sacerdote: Bendito sea Jesús, tu enviado,
el amigo de los niños y de los pobres.

Él vino para enseñarnos
cómo debemos amarte a ti
y amarnos los unos a los otros.

Él vino para arrancar de nuestros corazones
el mal que nos impide ser amigos
y el odio que no nos deja ser felices.

⇒

Él ha prometido que su Espíritu Santo
estará siempre con nosotros
para que vivamos como verdaderos hijos tuyos.

247 Aclamación 2

Acclamation
(G247 • K294)

Todos

Ho - san-na en las al - tu - ras, ben - di- to el Sal - va - dor.

Ben - di - to el que vie - ne en el nom - bre del Se - ñor;

ben - di - to el que vie - ne en el nom - bre del Se - ñor.

Misa Querubines
Peter M. Kolar
Música © 2000, WLP

Sacerdote: A ti, Dios y Padre nuestro, te pedimos
que nos envíes tu Espíritu,
para que este pan y este vino
sean el Cuerpo + y la Sangre de Jesús, nuestro Señor.

El mismo Jesús, poco antes de morir,
nos dio la prueba de tu amor.
Cuando estaba sentado a la mesa con sus discípulos,
tomó el pan,
dijo una oración para bendecirte y darte gracias,
lo partió y lo dio a sus discípulos, diciéndoles:

Tomad y comed todos de él,
porque esto es mi Cuerpo,
que será entregado por vosotros.

248 Aclamación Memorial
para Misas con Niños

Memorial Acclamation
for Masses with Children
(G248 • K295)

Todos

¡Se - ñor Je - sús, tú te en-tre- gas- te por no - so- tros.___

Misa Querubines
Peter M. Kolar
Música © 2000, WLP

Sacerdote:	Después, tomó el cáliz lleno de vino
	y, dándote gracias de nuevo,
	lo pasó a sus discípulos, diciendo:
	Tomad y bebed todos de él,
	porque éste es el cáliz de mi Sangre,
	que será derramada por vosotros
	y por todos los hombres
	para el perdón de los pecados.
Todos:	**¡Señor Jesús, tú te entregaste por nosotros!**
Sacerdote:	Y les dijo también:
	Haced esto en conmemoración mía.

o bien, para las Misas en que se usa otra plegaria para la consagración:

Memorial Acclamation
(G249 • K296)

Aclamación Memorial 249

Ést-te es el sa-cra-men-to de nues-tra fe.

A-nun-cia-mos tu muer-te, pro-cla-ma-mos tu re-su-rrec-ción. ¡Ven, Se-ñor Je-su-cris-to! ¡Ven, Se-ñor, en tu glo-ria!

Misa Querubines
Peter M. Kolar
Música © 2000, WLP

Sacerdote:	Por eso, Padre bueno, recordamos ahora
	la muerte y resurrección de Jesús, el Salvador del mundo.
	Él se ha puesto en nuestras manos
	para que te lo ofrezcamos como sacrificio nuestro
	y junto con él nos ofrezcamos a ti.
Todos:	**¡Gloria y alabanza a nuestro Dios!**
	– o bien –
	¡Te alabamos, te bendecimos, te damos gracias!

⇒

Sacerdote: Escúchanos, Señor Dios nuestro;
danos tu Espíritu de amor
a los que participamos en esta comida,
para que vivamos cada día
más unidos en la Iglesia,
con el santo Padre, el Papa N.,
con nuestro Obispo N.,
los demás obispos,
y todos los que trabajan por tu pueblo.

250 Aclamación 3

¡Que to-dos se-a-mos u-na so-la fa-mi-lia
pa - ra la glo - ria tu - ya!

Misa Querubines
Peter M. Kolar
Música © 2000, WLP

Sacerdote: No te olvides de las personas que amamos
ni de aquellas a las que debiéramos querer más.

En la Misa de primera comunión:

Acuérdate de nuestros amigos [N. y N.],
que por vez primera invitas en este día
a participar del pan de vida y del cáliz de salvación,
en la mesa de tu familia.
Concédeles crecer siempre en tu amistad.

Acuérdate también de los que ya murieron
y recíbelos con amor en tu casa.

Todos: **¡Que todos seamos una sola familia para gloria tuya!**

Sacerdote: Y un día, reúnenos cerca de ti
con María, la Virgen, Madre de Dios y Madre Nuestra,
para celebrar en tu reino la gran fiesta del cielo.
Entonces, todos los amigos de Jesús, nuestro Señor,
podremos cantarte sin fin.

Todos: **¡Que todos seamos una sola familia para gloria tuya!**

Sacerdote

Por Cris-to, con él, y en él, a ti Dios Pa-dre om-ni-po-
ten - te, en la u-ni- dad del Es - pí - ri- tu San - to, to-do honor y to-da glo-ria por los si-glos de los si - glos.

Todos

A - mén, a - mén. A-mén, a - mén. A-mén, a -
mén. A- mén, a - mén. A-mén, a-mén, a - le-lu-
ya. A - mén,— a-mén, a - le - lu - ya.———

Misa Querubines
Peter M. Kolar
Música © 2000, WLP

Misa Musical / Mass Setting 6

252 **Cordero de Dios**

Cor - de - ro de Dios, que qui-tas el pe - ca - do del mun-do,

ten pie - dad de no - so - tros,

ten pie - dad de no - so - tros.

Cor - de - ro de Dios, que qui-tas el pe - ca - do del mun-do,

da - nos la paz, ___ Cor - de - ro de Dios.

Da - nos la paz, ___ Cor - de - ro de Dios. ___

Misa Querubines

Peter M. Kolar
Música © 2000, WLP

Misa Musical / Mass Setting 6

254 Aclamación Memorial

Memorial Acclamation
(G254 • K180)

Todos

Por tu cruz y tu re - su - rrec - ción nos has sal - va - do, Se - ñor Je - sús.

Por tu cruz y tu re - su - rrec - ción nos has sal - va - do, Se - ñor.

Misa Mariachi
Adapt. por Peter M. Kolar
Música © 1998, WLP

255 Gran Amén

Great Amen
(G255 • K181)

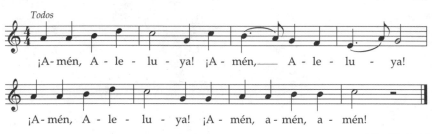

Todos

¡A - mén, A - le - lu - ya! ¡A - mén,—— A - le - lu - ya!

¡A - mén, A - le - lu - ya! ¡A - mén, a - mén, a - mén!

Misa Mariachi
Adapt. por Peter M. Kolar
Música © 1998, WLP

256 Cordero de Dios

Lamb of God
(G256 • K182)

Cantor   *Todos*   *Cantor*

1.–3. Cor- de - ro de Dios, Cor- de - ro de Dios, que qui-tas el pe -

1.–3. ca - do del mun-do,

1. ten pie - dad—— de no -
2. ten pie - dad—— de no -
3. da - nos—— la——

Todos

1. so- tros.   Ten pie- dad—— de no - so- tros.
2. so- tros.   Ten pie- dad—— de no - so- tros.
3. paz.——   Da - nos—— la— paz.——

Misa Mariachi
Tradicional

257 Rito de Aspersión del Agua

(Vi Que Manaba Agua)

Sprinkling Rite
(G257 • K300)

Vi que ma-na - ba a-gua;____ vi que ma-na - ba
a - gua____ del la - do de - re-cho del tem - plo.
A - le-lu - ya. Y ha-brá vi - da don-de-
quie-ra____ que lle-gue la co - rrien-te____ y
can - ta - rán: A - le-lu-ya, a-le-lu-ya.

James V. Marchionda
Música © 1995, WLP

ESTRIBILLO
Todos

Fuen - te _ de a-gua vi - va _ que al mun - do _ pu - ri - fi - cas, _

_ ven re - fres - ca y re - nue - va nues-tras vi - das. _

ESTROFAS
Cantor

1. Da - me de be - ber de e - sa a - gua, y
2. Ven - gan los que tie - nen sed que
3. Ven - gan los po - bres y los que su - fren; que en
4. Llue - va so - bre es - te pue - blo el per -
5. Sá - cia - nos con tu vi - da, ú - ne -
6. Ro - cí - a - nos con tu a - mor y tu bon -
7. So - mos bau - ti - za - dos en su
8. Bo - rra mi cul - pa, la - va mi al - ma;

Al Estribillo

1. sed___ nun - ca ten - dré.___
2. a - gua han de be - ber.___
3. Cris - to se sa - cia - rán.___
4. dón___ de nues - tro Dios.___
5. nos___ en ti, Se - ñor.___
6. dad,___ O buen Se - ñor.___
7. muer - te y re - su - rrec - ción.___
8. lim - pio que - da - ré.___

La Misa Ranchera
Pedro Rubalcava
Texto y música © 2000, WLP

259 Señor, Ten Piedad
(Panamericana)

Lord, Have Mercy
(G259 • K302)

*Cantor/Todos**

Se-ñor, ten pie-dad,_____ ten pie-dad de no-so-tros.

Se-ñor, ten pie-dad,_____ ten pie-dad de no-so-tros.

*Cantor/Todos**

Cris-to, ten pie-dad,_____ ten pie-dad de no-so-tros.

*Cantor/Todos**

Se-ñor, ten pie-dad,_____ ten pie-dad de no-so-tros.

Se-ñor, ten pie-dad,_____ ten pie-dad de no-so-tros.

Misa Panamericana
Tradicional

Primera vez por el cantor sólo; todos repiten.
First time by solo cantor; all repeat.

---

260 Gloria
(Panamericana)

Glory to God
(G260 • K303)

ESTRIBILLO

Todos

Glo-ria a nues-tro Dios en lo al-to de los cie - los

y en la tie-rra paz a los por él a - ma - dos.   ma - dos.

ESTROFAS

Cantor/Coro

1. Se-ñor, te a-la - ba - mos, Se-ñor, te ben-de - ci - mos,
2. Tú e-res el Cor-de - ro que qui-tas el pe - ca - do,
3. Tú so-lo e-res San - to, tú so-lo el Al-tí - si - mo

Música para la Misa / Service Music

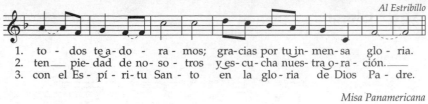

Al Estribillo

1. to - dos te a - do - ra - mos; gra-cias por tu in-men-sa glo - ria.
2. ten_ pie-dad de no-so - tros y es-cu-cha nues-tra o-ra - ción._
3. con el Es - pí - ri-tu San - to en la glo-ria de Dios Pa - dre.

Misa Panamericana
Tradicional

Glory to God
(G261 • K183)

Gloria al Señor **261**
(Popular)

ESTRIBILLO

Glo - ria al Se - ñor___ que rei - na__ en el cie - lo.

A las Estrofas

Y en la__ tie-rra paz___ a los hom-bres__ que a-ma él.

Final

él. Y en la__ tie-rra paz___ a los hom bres__ que a-ma él.

ESTROFAS

1. Se - ñor, te a - la - ba - mos; Se -
2. Tú e - res el Cor - de - ro que
3. Tú só - lo e - res San - to, tú

1. ñor, te ben - de - ci - mos. To - dos te a - do -
2. qui - tas el pe - ca - do. Ten_ pie - dad de no -
3. só - lo el Al - tí - si - mo, con el Es - pí - ri - tu

Al Estribillo

1. ra - mos; gra - cias por_ tu glo - ria.
2. so - tros y es-cu - cha nues-tra o - ra - ción._
3. San - to_ en la glo - ria de_ Dios Pa - dre.

Misa Popular
Tradicional

Música para la Misa / Service Music

ESTRIBILLO

Glo - ria a Dios en el cie - lo___ y en la tie - rra paz,

paz a la gen - te___ que a - ma el Se - ñor.

ESTROFA 1

Cantor/Coro

1. Por tu in - men - sa glo - ria,___ te a - la - ba - mos,___

1. te ben - de - ci - mos,___ te a - do - ra - mos,___ te glo - ri - fi -

1. ca - mos,___ te da - mos gra - cias.___

ESTROFA 2

Cantor/Coro

2. Se - ñor, Dios, Rey ce - les - tial, Dios

2. Pa - dre___ to - do - po - de - ro - so.___ Se - ñor, Hi - jo

2. ú - ni - co, Je - su - cris - to.___ Cor - de - ro de Dios,

2. Hi - jo del Pa - dre;___

ESTROFA 3

3. Tú que qui - tas el pe - ca - do del
tú que qui - tas el pe - ca - do del

Cantor/Coro

3. mun - do, ten pie - dad de no - so - tros;
mun - do, a - tien - de nues - tra sú - pli - ca;

3. tú que es - tás sen - ta - do a la de - re - cha del

3. Pa - dre, ten pie - dad de no - so - tros.

Al Estribillo

ESTROFA 4

4. Por - que só - lo tú e - res San - to, só - lo tú Se - ñor,

Cantor   *Coro*

4. só - lo tú Al - tí - si - mo,   Je - su - cris - to,

Cantor   *Coro*

4. con el Es - pí - ri - tu San - to en la glo - ria de Dios

4. Pa - dre.

Al Estribillo

Diego Correa y Damaris Thillet
Música © 1996, WLP

263 Ale, Ale, Ale
(Halle, Halle, Halle)

ESTRIBILLO/REFRAIN

Todos/All

A - le, a - le, a - le - lu - ya.
Hal - le, hal - le, hal - le - lu - jah.

A - le, a - le, a - le - lu - ya.
Hal - le, hal - le, hal - le - lu - jah.

A - le, a - le, a - le - lu - ya.
Hal - le, hal - le, hal - le - lu - jah,

A - le - lu - ya, a - le - lu - ya.
Hal - le - lu - jah, hal - le - lu - jah.

ESTROFAS/VERSES 1–3

1. Se - ñor,__ ¿a quién va - mos a ir? En tus pa -
2. "Mis o - ve - jas co - no - cen mi voz. __ Las co -
3. "Soy la luz del mun - do,"__ di - ce el Se - ñor. __ "Ca -

1. *Oh God,_____ to whom shall we go? __ You a -*
2. *"My sheep__ hear my voice," says the Lord. __ "When I*
3. *"I__ am the light of the world," __ says the Lord. __*

1. la - bras hay vi - da e - ter - na. Que tus pa -
2. noz - co y e - llas me si - guen. __ Las con -
3. mi - na en es - ta luz.__ __ El que

1. *lone have the words__ of life.__ __ Let your*
2. *call them, they fol - low me.__ __ I will*
3. *"Walk in the light__ of life.__ __ All who*

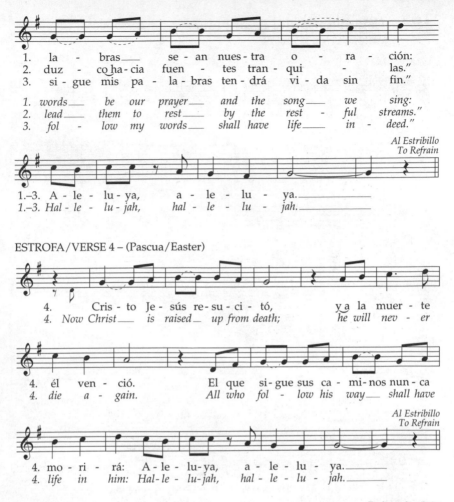

1. la - bras___ se - an nues - tra o - ra - ción:
2. duz - co ha - cia fuen - tes tran - qui - las."
3. si - gue mis pa - la - bras ten - drá vi - da sin fin."

1. *words___ be our prayer___ and the song___ we sing:*
2. *lead___ them to rest___ by the rest - ful streams."*
3. *fol - low my words___ shall have life___ in - deed."*

Al Estribillo
To Refrain

1.–3. A - le - lu - ya, a - le - lu - ya.___
1.–3. *Hal - le - lu - jah, hal - le - lu - jah.___*

ESTROFA / VERSE 4 – (Pascua / Easter)

4. Cris - to Je - sús re - su - ci - tó, y a la muer - te
4. *Now Christ___ is raised___ up from death; he will nev - er*

4. él ven - ció. El que si - gue sus ca - mi - nos nun - ca
4. *die a - gain. All who fol - low his way___ shall have*

Al Estribillo
To Refrain

4. mo - ri - rá: A - le - lu - ya, a - le - lu - ya.___
4. *life in him: Hal - le - lu - jah, hal - le - lu - jah.___*

Tradicional caribeña
Estrofas: Marty Haugen
Tr. al esp. por Thomas Enneking, O.S.C.

Tradicional caribeña
Arr. por John Bell
Estrofas: Marty Haugen
Texto y música © 1990, GIA

264 Aclamación del Evangelio
(Aleluya, Cristo Resucitó)

Easter Gospel Acclamation
(G264 • K306)

ESTRIBILLO

¡A - le - lu - ya,____ a - le - lu - ya,____

a - le - lu - ya,____ Cris - to re - su - ci - tó!____

¡A - le - lu - ya,____ a - le - lu - ya,____

(Final)

a - le - lu - ya,____ Cris - to re - su - ci - tó!____

ESTROFAS

Cantor

1. Yo soy el ca - mi - no,____ ver - dad y____ vi - da;____
2. Yo soy el pan vi - vo____ que ba - jó del____ cie - lo;____

Al Estribillo

1. na - die va_a al Pa - dre si - no es____ por____ mí.____
2. el que co - ma de_él____ siem-pre____ vi - vi - rá.____

Diego Correa y Damaris Thillet
Música © 1996, WLP

265 Aclamación del Evangelio
(Canto Gregoriano)

Gospel Acclamation
(G265 • K185)

A - le - lu - ya, a - le - lu - ya,____ a - le - lu - ya.

Canto gregoriano, Modo VI

Música para la Misa / Service Music

Aclamación del Evangelio **266**
(Aleluya Popular)

ESTRIBILLO

¡A - le - lu - ya! ¡A - le - lu - ya! ¡A - le - lu - ya!___

¡A - le - lu - ya! ¡A - le - lu - ya! ¡A - le - lu - ya!___

ESTROFAS

1. La dies - tra del Se - ñor ha he - cho pro - di - gios,
2. Re - su - ci - tó Je - sús de en - tre los muer - tos,
3. Do - mi - na Cris - to to - do el u - ni - ver - so,

Al Estribillo

1. la dies - tra del Se - ñor me ha sal - va - do.
2. so - bre él la muer - te no ten - drá do - mi - nio.
3. ___ Cris - to Se - ñor rei - na en su tro - no.

Misa Popular
Tradicional

Plegaria Universal **267**
(Óyenos, Señor)

ESTRIBILLO/REFRAIN

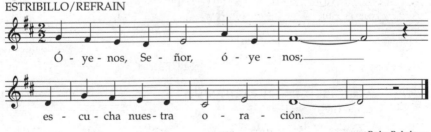

Ó - ye - nos, Se - ñor, ó - ye - nos;___

es - cu - cha nues - tra o - ra - ción.___

Pedro Rubalcava
Texto y música © 1994, 1995, WLP

268 Plegaria Universal
(Trilingual Intercessions)

General Intercessions
(G268 • K187)

RESPUESTA/RESPONSE

Lord, hear our prayer; *De - us, ex - au - di nos; Se - ñor, es - cú - cha - nos.

Mike Hay, 1953–1999
Música © 1994, WLP

*Se puede omitir los compases 3 y 4 o se puede sustituir otros idiomas.
Measures 3 and 4 may be omitted or alternative languages may be substituted.

269 Plegaria Universal
(Bilingual Intercessions)

General Intercessions
(G269 • K307)

RESPUESTA/RESPONSE

Te ro - ga-mos, ó - ye - nos. Lord, hear our prayer.

Peter M. Kolar
Música © 2000, WLP

270 Plegaria Universal

General Intercessions
(G270 • K174)

RESPUESTA A

Se - ñor, ten pie - dad.

RESPUESTA B

A - cuér - da - te, Se - ñor.

RESPUESTA C

Ky - ri - e e - le - i - son.

RESPUESTA D

Se - ñor, en tu rei - no, a - cuér-da-te de no - so - tros.

Misa Gloria al Señor
Lucien Deiss
Música © 1977, WLP

Plegaria Universal **271**
(Señor, Escucha Nuestra Oración)

RESPUESTA

Se - ñor,   es - cu - cha   nues - tra o - ra - ción.

Te   ro - ga - mos,   Se - ñor._____

La Misa Ranchera

Texto © 1998, Conferencia Episcopal Mexicana

Pedro Rubalcava
Música © 2000, WLP

Holy, Holy, Holy
(G272 • K188)

Santo **272**

Cantor/Coro

San - to, San - to,   San - to el Se - ñor,   Dios del U - ni - ver - so.

Lle - nos es - tán____ el   cie - lo y la   tie - rra de   tu   glo - ria,

ESTRIBILLO
Todos

Ho - san - na en   el   cie - lo,   ho - san - na en____ el   cie - lo,

(⌢) (Final)

ho - san - na en   el   cie - lo,   ho - san - na en____ el   cie - lo.

ESTROFA
Cantor/Coro   *Al Estribillo*

Ben - di - to el   que vie - ne en   el   nom - bre del   Se - ñor.____

Peter M. Kolar
Música © 1998, WLP

Música para la Misa / Service Music

273 Padre Nuestro

Pa - dre nues - tro que es - tás en el cie - lo,___

san - ti - fi - ca - do se - a tu nom - bre, ven - ga a no - so - tros tu rei - no,

há - ga - se___ tu vo - lun - tad, en la tie - rra

co - mo en el cie - lo há - ga - se___ tu vo - lun - tad.

Da - nos hoy___ nues - tro pan de ca - da dí - a,___

per - do - na nues - tras___ o - fen - sas co - mo tam -

bién___ no - so - tros per - do - na - mos a los que nos o -

fen - den;___ no nos de - jes ca - er en ten - ta -

ción,___ y lí - bra - nos del mal, y

lí - bra - nos del mal.___ Tu - yo es el rei - no

tu - yo el po - der y la glo - ria por siem - pre, Se - ñor.___

Mauricio Centeno y José Córdova
Música © 2000, WLP

Música para la Misa / Service Music

Cor - de - ro de Dios, *Lamb* *of God, you* *take a-way the sins of the*
world, *have mer - cy on us;* ten pie - dad.
Lamb *of God,* Cor - de - ro de Dios, que qui-tas el pe-ca - do del
mun - do, ten___ pie - dad; *have mer - cy on us.*
Cor - de - ro de Dios, *Lamb of God, you* *take a-way the sins of the*
world, grant___ us peace; da - nos la paz.___

Al Valverde
Música © 2000, WLP

Al fin de cada pieza de música aparecen los créditos del compositor (a la derecha), el autor del texto (a la izquierda), y si hay, los dueños de los derechos de autor (©). **Las personas que deseen reproducir cualquiera letra o música controlada por copyright en este libro deben conseguir permiso escrito del dueño de los derechos de autor.** Hemos hecho todos los esfuerzos posibles para conseguir al dueño y/o al administrador de cada copyright. El Editor de este libro siente cualquiera omisión y, si llegamos a conocerlo, haremos las correcciones pertinentes en futuras ediciones. Un índice completo de los reconocimientos del copyright se encuentra en los Acompañamientos (WLP 6811 y 6808).

At the bottom of each musical item appears the credit for the composer (to the right), text author (to the left), and any copyright holders (©). **Persons wishing to reproduce or reprint any copyrighted (©) words or music contained in this book must first obtain written permission from the proper owner.** *Every effort has been made to trace the owner and/or administrator of each copyright. The Publisher regrets any omission and will, upon written notice, make the necessary corrections in future editions. A complete detailed index of copyright acknowledgments appears in the Accompaniments (WLP 6811 & 6808).*

Abingdon Press
Véase/See The Copyright Company

Cartford, Gerhard
2279 Commonwealth Ave.
St. Paul, MN 55108
(651) 647-9850

Conferencia Episcopal Española
Comisión Episcopal de Liturgia – Secretariado
P. Juan Canales, Director
Añastro, 1
28033 Madrid, España/Spain
011-34-91-343-9643

Conferencia Episcopal Mexicana
Lago de Guadalupe
54760 Cuautitlan Izcalli, Edo.
México, D.F.
011-52 (57) 818-462

Confraternity of Christian Doctrine (CCD)
National Center for Religious Education
3211 4th St., N.E.
Washington, DC 20017-1194
(202) 541-3098

De Zayas, Eduardo
Dirección desconocida/Address unknown

Ediciones Instituto Pontificio San Pío X
Marqus de Mondejar, 32
28028, Madrid F 2345
España/Spain

Editorial Claret, S. A.
Véase/See World Library Publications

Garcés, Ms. Blasa R.
1715 W. Houston St.
San Antonio, TX 78207
(210) 227-7910

GIA Publications, Inc.
7404 S. Mason Ave.
Chicago, IL 60638
(800) 442-1358

David Higham Assoc. Ltd.
5–8 Lower John St.
Golden Square
London, WIR 4HA England
011 44-171-437-7888

Hope Publishing Company
380 S. Main Pl.
Carol Stream, IL 60188
(630) 665-3200

International Commission on English in the Liturgy (ICEL)
1275 K. St., N.W. Suite 1202
Washington, DC 20005-4097
(202) 347-0800

K & R Publications, Inc.
P.O. Box 107
Ferrisburgh, VT 05456
(802) 877-1066

Les Presses de Taizé
Véase/See GIA Publications, Inc.

Manna Music, Inc.
35255 Brooten Rd.
P.O. Box 218
Pacific City, OR 97135
(503) 965-6112

Maranatha! Music
Véase/See The Copyright Company

National Hispanic Office of the Episcopal Church
815 Second Ave.
New York, NY 10017
Pilgrim Press
700 Prospect Ave. East
Cleveland, OH 44115
(216) 736-3700

Promotora Hispano América de Música, S. A.
Dirección desconocida/Address unknown

Resource Publications, Inc.
160 E. Virginia St. #290
San José, CA 95112
(408) 286-8505

Sociedad Bíblica Católica Internacional (SOBICAIN)
Rev. Francisco Anta, Director
Protasio Gómez, 15
28027 Madrid, España/Spain
(341) 742-5113

The Benedictine Foundation of the State of Vermont
Weston Priory Productions
58 Priory Hill Rd.
Weston, VT 05161
(802) 824-5409

The Copyright Company
40 Music Square East
Nashville, TN 37203
(800) 779-1177

The United Methodist Publishing House
Véase/See The Copyright Company

World Library Publications (WLP)
a division of J.S. Paluch Company, Inc.
3825 N. Willow Rd.
Schiller Park, IL 60176
(800) 621-5197

Zárate Macías, Rosa Martha
1034 Christoval Lane
Colton, CA 92324
(909) 875-1779

Liturgical and Topical

Litúrgico y por Tópicos 276

Adoración del Santísimo
Eucharistic Adoration

186 A Tan Alto Sacramento
187 Alabado Sea el Santísimo Sacramento
98 Altísimo Señor
191 Ante Ti Me Postro
190 Bendito, Bendito
38 Canta Lengua Jubilosa/Pange, Lingua
114 Cantemos al Amor de los Amores
185 ¡Oh Víctima de Salvación!

Adviento *Advent*

1 Ábranse los Cielos
9 Alegría, Alegría, Alegría
155 Arriba los Corazones
63 Atiéndeme, Hija/Sal 45
58 El Señor Es Mi Luz/Sal 27
122 Hija de Sión
2 ¡Marana Tha!
68 Muéstranos, Señor/Sal 85
3 ¡Oh Ven! ¡Oh Ven, Emanuel!
8 Te Esperamos, Oh Señor
5 Ven, Salvador *(Deiss)*
4 Ven, Salvador (EL DIOS DE PAZ)
6 Ven, Señor *(Rubalcava)*
175 Ven y Sálvanos

Agradecimiento *Thankfulness*

170 Cantaré Alabanzas al Señor
181 De Colores
76 Den Gracias al Señor/Sal 118
151 En la Paz de Cristo
180 Gracias
112 Oh Criaturas del Señor
162 Qué Bueno Es Mi Señor
179 Te Den Gracias

Alabanza *Praise*

37 A Ti, Jesús, Honor y Gloria
157 Acudamos Jubilosos
59 Alabado Sea el Señor/Sal 29
173 Alabanzas y Honor
73 Alabar, Siervos de Dios/Sal 113
165 Alabemos a Dios
85 Alaben Todos/Sal 148
166 Aleluya (Cantemos al Señor)
111 ¡Aleluya! Grandes, Maravillosas
98 Altísimo Señor
84 Bendeciremos Por Siempre/Sal 145
167 Canta, Jíbarito
164 Cantad al Señor
170 Cantad, Naciones, al Señor
169 Canten a Dios con Alegría
62 Como Busca la Cierva/Sal 42
82 Con Mi Corazón/Sal 138
181 De Colores
76 Den Gracias al Señor/Sal 118
88 Despunta el Alba
161 El Fuego Cae, Cae
171 Él Vive, Él Reina
172 Elevamos Nuestros Cantos
71 Envía Tu Espíritu/Sal 104
53 Éste Es el Día *(Rosas)*
116 Gloria, Honor a Ti
12 Gloria in Excelsis Deo
61 Gusten y Vean/Sal 34
177 Jerusalén
145 Los Caminos
66 Mi Alma Tiene Sed/Sal 63
112 Oh Criaturas del Señor
65 Oh Señor, Tú Eres Dios/Sal 63
162 Qué Bueno Es Mi Señor
163 Qué Grande Es Mi Dios
87 Quiero Cantar
119 Santísima Trinidad ⟹

Índice de Tópicos / Topical Index

113	Santo, Santo, Santo
168	Señor, Mi Dios (How Great Thou Art)
60	Te Ensalzaré, Señor/Sal 30
194	¡Tú Reinarás!
156	Vamos a la Casa del Señor
72	Yo Cantaré al Señor/Sal 104
160	Yo Tengo un Gozo en Mi Alma

Amor *Love*

93	A los Hombres Amó Dios
106	Amar (Es Entregarse)
104	Amémonos de Corazón
141	Amor, Amor
84	Bendeciremos Por Siempre/Sal 145
140	Donde Hay Caridad y Amor
142	Gloria, Aleluya
144	Himno a la Alegría
189	¡Oh Jesús! ¡Oh Buen Pastor!
162	Qué Bueno Es Mi Señor
139	Si Yo No Tengo Amor
126	Un Mandamiento Nuevo (de Zayas)
125	Un Mandamiento Nuevo (tradicional)
156	Vamos a la Casa del Señor
160	Yo Tengo un Gozo en Mi Alma

Bautismo *Baptism*

91	Con el Agua, Con el Espíritu
258	Fuente de Agua Viva
33	Fuente Eres Tú
120	He Aquí la Morada de Dios
102	La Alianza Nueva
121	Pueblo de Reyes
134	Un Solo Señor (Deiss)
138	Un Solo Señor (Rubalcava)
257	Vi Que Manaba Agua

Buen Pastor *Good Shepherd*

55	El Señor Es Mi Pastor/Sal 23 (Florián)
54	El Señor Es Mi Pastor/Sal 2 (Rubalcava)
150	Eran Cien Ovejas
56	Eres Mi Pastor/Sal 23
57	Nada Me Falta/Sal 23
189	¡Oh Jesús! ¡Oh Buen Pastor!
146	Vine Para Que Tengan

Cánticos *Canticles*

| 86 | Cántico de Zacarías |
| 89 | Canto de María |

Canto de Despedida *Song of Farewell*

| 109 | Que los Ángeles Te Lleven |

Carismático *Charismatic*

161	El Fuego Cae, Cae
110	Entre Tus Manos/Into Your Hands
44	Éste Es el Día (tradicional)

177	Jerusalén
145	Los Caminos
131	Oye el Llamado
137	Pues Si Vivimos/When We Are Living
162	Qué Bueno Es Mi Señor
163	Qué Grande Es Mi Dios
130	Quiero Servirte, Mi Señor
179	Te Den Gracias
132	Tomado de la Mano
135	Una Mirada de Fe
103	Vaso Nuevo
117	Ven, Oh Espíritu
160	Yo Tengo un Gozo en Mi Alma

Compasión *Compassion*

— *Véase/See* **Misericordia** —

Comunidad *Community*

— *Véase/See* **Iglesia, Unidad** —

Comunión *Communion*

93	A los Hombres Amó Dios
97	Al Partir el Pan
98	Altísimo Señor
95	Canción del Cuerpo de Cristo
188	Dios Mío, Acércate de Mí
74	El Cáliz de la Bendición/Sal 116
55	El Señor Es Mi Pastor/Sal 23 (Florián)
54	El Señor Es Mi Pastor/Sal 2 (Rubalcava)
151	En la Paz de Cristo
56	Eres Mi Pastor/Sal 23
61	Gusten y Vean/Sal 34
153	Hoy Nos Reunimos
57	Nada Me Falta/Sal 23
39	Nos Congregamos Junto a la Mesa
159	Ofertorio Nicaragüense
189	¡Oh Jesús! ¡Oh Buen Pastor!
94	Señor, Tú Eres el Pan
126	Un Mandamiento Nuevo (de Zayas)
125	Un Mandamiento Nuevo (tradicional)
96	Yo Soy el Pan de Vida

Confianza *Trust*

83	Abres Tú la Mano/Sal 145
84	Bendeciremos Por Siempre/Sal 145
148	Busca Primero
127	Con la Cruz
82	Con Mi Corazón/Sal 138
128	Digo Sí, Señor
70	El Señor Es Compasivo/Sal 103
55	El Señor Es Mi Pastor/Sal 23 (Florián)
54	El Señor Es Mi Pastor/Sal 2 (Rubalcava)
150	Eran Cien Ovejas
56	Eres Mi Pastor/Sal 23
142	Gloria, Aleluya
143	Guarda Mi Alma
192	Henos Aquí
144	Himno a la Alegría

Índice de Tópicos / Topical Index

90	Junto a Ti
102	La Alianza Nueva
57	Nada Me Falta/Sal 23
159	Ofertorio Nicaragüense
184	¡Oh Buen Jesús!
80	Óyenos, Señor/Sal 130
147	Tesoros Ocultos
135	Una Mirada de Fe
146	Vine Para Que Tengan

Confirmación *Confirmation*
— *Véase/See* **Iniciación** —

Consuelo *Comfort*

149	Caminando Juntos
188	Dios Mío, Acércate de Mí
77	El Auxilio Me Viene del Señor/Sal 121
55	El Señor Es Mi Pastor/Sal 23 *(Florián)*
54	El Señor Es Mi Pastor/Sal 2 *(Rubalcava)*
56	Eres Mi Pastor/Sal 23
29	Escúchanos, Señor (Attende Domine)
143	Guarda Mi Alma
144	Himno a la Alegría
66	Mi Alma Tiene Sed/Sal 63
57	Nada Me Falta/Sal 23
184	¡Oh Buen Jesús!
65	Oh Señor, Tú Eres Dios/Sal 63
131	Oye el Llamado
168	Señor, Mi Dios (How Great Thou Art)
101	Sí, Me Levantaré
100	Sublime Gracia del Señor
132	Tomado de la Mano
81	Tu Recuerdo, Señor/Sal 137

Coronación (Mes de Mayo)
May Crowning

63	Atiéndeme, Hija/Sal 45
196	Ave de Lourdes
183	Las Mañanitas
195	Venid y Vamos Todos

Creación *Creation*
— *Véase/See* **Dios el Creador** —

Cristo Jesús *Jesus Christ*

37	A Ti, Jesús, Honor y Gloria
129	Alzad la Cruz
114	Cantemos al Amor de los Amores
115	¡Cristo Vence!
171	Él Vive, Él Reina
116	Gloria, Honor a Ti
120	He Aquí la Morada de Dios
177	Jerusalén
118	Tú Eres Bendito
194	¡Tú Reinarás!

Cristo el Rey *Christ the King*
— *Véase/See* **Cristo Jesús** —

Cruz *Cross*

129	Alzad la Cruz
127	Con la Cruz
34	Madre Llena de Aflicción
42	Mirad la Cruz
41	Oh Cruz Fiel y Venerable
31	Perdón, Oh Dios Mío *(Lojewski)*
30	Perdón, Oh Dios Mío *(tradicional)*
36	Perdona a Tu Pueblo
194	¡Tú Reinarás!
40	Venid, Oh Cristianos

Cuaresma *Lent*

107	Acuérdate de Jesucristo
99	Amante Jesús Mío
104	Amémonos de Corazón
108	Cristo, Recuérdame
55	El Señor Es Mi Pastor/Sal 23 *(Florián)*
54	El Señor Es Mi Pastor/Sal 23 *(Rubalcava)*
110	Entre Tus Manos/Into Your Hands
56	Eres Mi Pastor/Sal 23
29	Escúchanos, Señor (Attende Domine)
33	Fuente Eres Tú
34	Madre Llena de Aflicción
64	Misericordia, Señor/Sal 51
57	Nada Me Falta/Sal 23
69	No Endurezcan el Corazón/Sal 95
80	Óyenos, Señor/Sal 130
32	Pequé, Pequé, Dios Mío
31	Perdón, Oh Dios Mío *(Lojewski)*
30	Perdón, Oh Dios Mío *(tradicional)*
36	Perdona a Tu Pueblo
35	Señor, Tu Gran Misericordia
101	Sí, Me Levantaré
81	Tu Recuerdo, Señor/Sal 137

Cumpleaños *Birthday*

183	Las Mañanitas

Devocional *Devotional*

186	A Tan Alto Sacramento
206	Adiós, Oh Virgen de Guadalupe
187	Alabado Sea el Santísimo Sacramento
99	Amante Jesús Mío
191	Ante Ti Me Postro
190	Bendito, Bendito
188	Dios Mío, Acércate de Mí
192	Henos Aquí
184	¡Oh Buen Jesús!
189	¡Oh Jesús! ¡Oh Buen Pastor!
185	¡Oh Víctima de Salvación!

Dios, el Creador *God, the Creator*

59	Alabado Sea el Señor/Sal 29
73	Alabar, Siervos de Dios/Sal 113
85	Alaben Todos/Sal 148
166	Aleluya (Cantemos al Señor)
111	¡Aleluya! Grandes, Maravillosas ⟹

Índice de Tópicos / Topical Index

169	Canten a Dios con Alegría
181	De Colores
88	Despunta el Alba
53	Éste Es el Día *(Rosas)*
180	Gracias
145	Los Caminos
112	Oh Criaturas del Señor
113	Santo, Santo, Santo
147	Tesoros Ocultos
118	Tú Eres Bendito

Discipulado   *Discipleship*

129	Alzad la Cruz
133	Bendigamos al Señor
127	Con la Cruz
128	Digo Sí, Señor
140	Donde Hay Caridad y Amor
136	Eres el Camino
69	No Endurezcan el Corazón/Sal 95
131	Oye el Llamado
174	Profetiza
123	Pueblo Libre
130	Quiero Servirte, Mi Señor
176	Siempre Unidos
132	Tomado de la Mano
156	Vamos a la Casa del Señor
103	Vaso Nuevo

Entrada/Reunión   *Entrance/Gathering*

157	Acudamos Jubilosos
73	Alabar, Siervos de Dios/Sal 113
85	Alaben Todos/Sal 148
155	Arriba los Corazones
84	Bendeciremos Por Siempre/Sal 145
172	Elevamos Nuestros Cantos
67	¡Felicidad!/Sal 84
153	Hoy Nos Reunimos
112	Oh Criaturas del Señor
113	Santo, Santo, Santo
156	Vamos a la Casa del Señor
154	Venimos ante Ti

Epifanía   *Epiphany*

27	Del Oriente Somos
25	Los Magos Que Llegaron a Belén
10	Noche de Paz
28	¿Qué Niño Es Éste?
26	Venid, Pastorcillos
24	Ya Viene la Vieja

Esperanza   *Hope*

1	Ábranse los Cielos
107	Acuérdate de Jesucristo
149	Caminando Juntos
120	He Aquí la Morada de Dios
122	Hija de Sión
144	Himno a la Alegría

198	Oh María, Madre Mía
131	Oye el Llamado
134	Un Solo Señor *(Deiss)*
5	Ven, Salvador *(Deiss)*
4	Ven, Salvador (EL DIOS DE PAZ)
6	Ven, Señor *(Rubalcava)*
175	Ven y Sálvanos

Espíritu Santo   *Holy Spirit*

71	Envía Tu Espíritu/Sal 104
120	He Aquí la Morada de Dios
118	Tú Eres Bendito
134	Un Sólo Señor *(Deiss)*
117	Ven, Oh Espíritu
72	Yo Cantaré al Señor/Sal 104

Eucaristía   *Eucharist*

186	A Tan Alto Sacramento
187	Alabado Sea el Santísimo Sacramento
98	Altísimo Señor
191	Ante Ti Me Postro
155	Arriba los Corazones
133	Bendigamos al Señor
190	Bendito, Bendito
92	Bendito Seas Tú, Señor
38	Canta Lengua Jubilosa/Pange, Lingua
114	Cantemos al Amor de los Amores
105	Como Brotes de Olivo
74	El Cáliz de la Bendición/Sal 116
61	Gusten y Vean/Sal 34
120	He Aquí la Morada de Dios
39	Nos Congregamos Junto a la Mesa
184	¡Oh Buen Jesús!
185	¡Oh Víctima de Salvación!

Exequías/Funeral   *Funeral*

107	Acuérdate de Jesucristo
70	El Señor Es Compasivo/Sal 103
55	El Señor Es Mi Pastor/Sal 23 *(Florián)*
54	El Señor Es Mi Pastor/Sal 23 *(Rubalcava)*
110	Entre Tus Manos/Into Your Hands
56	Eres Mi Pastor/Sal 23
46	La Ruda Lucha Terminó
57	Nada Me Falta/Sal 23
131	Oye el Llamado
109	Que los Ángeles Te Lleven
168	Señor, Mi Dios (How Great Thou Art)
50	Señor, Tú Has Vencido a la Muerte
96	Yo Soy el Pan de Vida

Fe   *Faith*

133	Bendigamos al Señor
149	Caminando Juntos
167	Canta Jibarito
161	El Fuego Cae, Cae
55	El Señor Es Mi Pastor/Sal 23 *(Florián)*

54	El Señor Es Mi Pastor/Sal 23 *(Rubalcava)*
110	Entre Tus Manos/Into Your Hands
150	Eran Cien Ovejas
136	Eres el Camino
56	Eres Mi Pastor/Sal 23
120	He Aquí la Morada de Dios
57	Nada Me Falta/Sal 23
137	Pues Si Vivimos/When We Are Living
132	Tomado de la Mano
138	Un Solo Señor *(Rubalcava)*
135	Una Mirada de Fe

Iglesia de Dios *Church*

149	Caminando Juntos
91	Con el Agua, Con el Espíritu
136	Eres el Camino
120	He Aquí la Morada de Dios
122	Hija de Sión
153	Hoy Nos Reunimos
102	La Alianza Nueva
174	Profetiza
121	Pueblo de Reyes
123	Pueblo Libre
124	Somos el Pueblo de Dios/ We Are the People of God
134	Un Solo Señor *(Deiss)*
138	Un Solo Señor *(Rubalcava)*

Iniciación *Initiation*

91	Con el Agua, Con el Espíritu
71	Envía Tu Espíritu/Sal 104
258	Fuente de Agua Viva
102	La Alianza Nueva
121	Pueblo de Reyes
130	Quiero Servirte, Mi Señor
134	Un Solo Señor *(Deiss)*
138	Un Solo Señor *(Rubalcava)*
117	Ven, Oh Espíritu
257	Vi Que Manaba Agua

Jesucristo *Jesus Christ*
— *Véase/See* **Cristo Jesús** —

Jueves Santo *Holy Thursday*

186	A Tan Alto Sacramento
187	Alabado Sea el Santísimo Sacramento
129	Alzad la Cruz
190	Bendito, Bendito
38	Canta Lengua Jubilosa/Pange, Lingua
140	Donde Hay Caridad y Amor/ Trilingual Ubi Caritas
74	El Cáliz de la Bendición/Sal 116
39	Nos Congregamos Junto a la Mesa
185	¡Oh Víctima de Salvación!
130	Quiero Servirte, Mi Señor

Justicia Social *Social Justice*

1	Ábranse los Cielos
148	Busca Primero
128	Digo Sí, Señor
120	He Aquí la Morada de Dios
174	Profetiza
176	Siempre Unidos
5	Ven, Salvador *(Deiss)*
175	Ven y Sálvanos
154	Venimos ante Ti

Las Posadas *Search for Lodging*

9	Alegría, Alegría, Alegría
21	La Virgen y San José
7	Para Pedir Posadas

Matrimonio/Boda *Matrimony/Wedding*

106	Amar (Es Entregarse)
84	Bendeciremos Por Siempre/Sal 145
105	Como Brotes de Olivo
78	Dichoso El Que Teme/Sal 128
79	Dichosos Los Que Temen a Dios/ Sal 128
70	El Señor Es Compasivo/Sal 103
61	Gusten y Vean/Sal 34
139	Si Yo No Tengo Amor
126	Un Mandamiento Nuevo *(de Zayas)*
125	Un Mandamiento Nuevo *(tradicional)*

Misericordia *Mercy*

99	Amante Jesús Mío
84	Bendeciremos Por Siempre/Sal 145
70	El Señor Es Compasivo/Sal 103
33	Fuente Eres Tú
64	Misericordia, Señor/Sal 51
68	Muéstranos, Señor/Sal 85
80	Óyenos, Señor/Sal 130
32	Pequé, Pequé, Dios Mío
31	Perdón, Oh Dios Mío *(Lojewski)*
30	Perdón, Oh Dios Mío *(tradicional)*
36	Perdona a Tu Pueblo
35	Señor, Tu Gran Misericordia
101	Sí, Me Levantaré

Misión *Mission*
— *Véase/See* **Vocación** —

Nación *Nation*

115	¡Cristo Vence!
193	Himno a la Virgen de la Providencia
204	Las Apariciones Guadalupanas
203	Las Mañanitas Guadalupanas
208	Mi Virgen Ranchera
198	Oh María, Madre Mía
194	¡Tú Reinarás!

Navidad *Christmas*

23 Alégrense, Cielos y Tierra
9 Alegría, Alegría, Alegría
12 Gloria in Excelsis Deo
20 Hoy a la Tierra
21 La Virgen y San José
25 Los Magos Que Llegaron a Belén
22 Los Peces en el Río
10 Noche de Paz
11 Nunca Suenan las Campanas
16 Oh, Pueblecito de Belén
7 Para Pedir Posadas
19 Pastorcitos del Monte, Venid
13 Pastores, a Belén
18 Paz en la Tierra
28 ¿Qué Niño Es Éste?
17 Vamos, Pastorcillos
14 Vamos, Pastores, Vamos
15 Vamos Todos a Belén
26 Venid, Pastorcillos
24 Ya Viene la Vieja

Nuestra Señora de Guadalupe
Our Lady of Guadalupe

206 Adiós, Oh Virgen de Guadalupe
197 Adiós, Reina del Cielo
201 Buenos Días, Paloma Blanca
204 Las Apariciones Guadalupanas
203 Las Mañanitas Guadalupanas
205 Las Mañanitas Tapatías
208 Mi Virgen Ranchera
202 Oh Virgen de Guadalupe
207 Sol de este Pueblo

Ofrenda *Offering*

92 Bendito Seas Tú, Señor
90 Junto a Ti
159 Ofertorio Nicaragüense
158 Ofertorio (Todo Lo Que Tengo)

Oración de la Mañana *Morning Prayer*

86 Cántico de Zacarías
88 Despunta el Alba
33 Fuente Eres Tú
180 Gracias
145 Los Caminos
66 Mi Alma Tiene Sed/Sal 63
65 Oh Señor, Tú Eres Dios/Sal 63
87 Quiero Cantar

Oración de la Tarde *Evening Prayer*

149 Caminando Juntos
89 Canto de María
110 Entre Tus Manos/Into Your Hands
90 Junto a Ti

Pascua *Easter*

166 Aleluya (Cantemos al Señor)
264 Aleluya, Cristo Resucitó
48 Aleluya, el Señor Resucitó
62 Como Busca la Cierva/Sal 42
51 Cristo Jesús Resucitó
   (LASST UNS ERFREUEN)
43 Cristo Jesús Resucitó (O FILII ET FILIAE)
76 Den Gracias al Señor/Sal 118
47 Dios Reina
52 El Señor Resucitó (EASTER HYMN)
45 El Señor Resucitó (*tradicional*)
75 Éste Es el Día/Sal 118 (*Rubalcava*)
53 Éste Es el Día (*Rosas*)
44 Éste Es el Día (*tradicional*)
120 He Aquí la Morada de Dios
46 La Ruda Lucha Terminó
49 Nuestra Pascua
50 Señor, Tú Has Vencido a la Muerte
152 Señor, Tu Paz

Paz *Peace*

148 Busca Primero
151 En la Paz de Cristo
152 Señor, Tu Paz
134 Un Solo Señor (*Deiss*)
4 Ven, Salvador (EL DIOS DE PAZ)

Pentecostés *Pentecost*

71 Envía Tu Espíritu/Sal 104
120 He Aquí la Morada de Dios
134 Un Solo Señor (*Deiss*)
117 Ven, Oh Espíritu
72 Yo Cantaré al Señor/Sal 104

Perdón *Forgiveness*
— *Véase/See* **Misericordia** —

Quinceaños *Fifteenth Birthday*
182 Feliz Quinceañera

Reconciliación *Reconciliation*

99 Amante Jesús Mío
104 Amémonos de Corazón
141 Amor, Amor
133 Bendigamos al Señor
108 Cristo, Recuérdame
70 El Señor Es Compasivo/Sal 103
29 Escúchanos, Señor (Attende Domine)
102 La Alianza Nueva
64 Misericordia, Señor/Sal 51
32 Pequé, Pequé, Dios Mío
31 Perdón, Oh Dios Mío (*Lojewski*)
30 Perdón, Oh Dios Mío (*tradicional*)
36 Perdona a Tu Pueblo
35 Señor, Tu Gran Misericordia

101	Sí, Me Levantaré
100	Sublime Gracia del Señor
126	Un Mandamiento Nuevo (de Zayas)
125	Un Mandamiento Nuevo (tradicional)
135	Una Mirada de Fe

Reino de Dios Kingdom

148	Busca Primero
171	Él Vive, Él Reina
120	He Aquí la Morada de Dios
122	Hija de Sión
177	Jerusalén
145	Los Caminos
4	Ven, Salvador (EL DIOS DE PAZ)
178	Venga Tu Reino

RICA RCIA
— Véase/See **Iniciación** —

Salmos Psalms

83	Abres Tú la Mano/Sal 145
59	Alabado Sea el Señor/Sal 29
73	Alabar, Siervos de Dios/Sal 113
85	Alaben Todos/Sal 148
23	Alégrense, Cielos y Tierra/Sal 96
63	Atiéndeme, Hija/Sal 45
84	Bendeciremos Por Siempre/Sal 145
105	Como Brotes de Olivo/Sal 128
62	Como Busca la Cierva/Sal 42
82	Con Mi Corazón/Sal 138
115	¡Cristo Vence!/Sal 117
76	Den Gracias al Señor/Sal 118
78	Dichoso El Que Teme/Sal 128
79	Dichosos Los Que Temen a Dios/Sal 128
77	El Auxilio Me Viene del Señor/Sal 121
74	El Cáliz de la Bendición/Sal 116
70	El Señor Es Compasivo/Sal 103
58	El Señor Es Mi Luz/Sal 27
55	El Señor Es Mi Pastor/Sal 23 (Florián)
54	El Señor Es Mi Pastor/Sal 2 (Rubalcava)
71	Envía Tu Espíritu/Sal 104
56	Eres Mi Pastor/Sal 23
75	Éste Es el Día/Sal 118 (Rubalcava)
44	Éste Es el Día (tradicional)
67	¡Felicidad!/Sal 84
143	Guarda Mi Alma/Sal 131
61	Gusten y Vean/Sal 34
66	Mi Alma Tiene Sed/Sal 63
64	Misericordia, Señor/Sal 51
68	Muéstranos, Señor/Sal 85
57	Nada Me Falta/Sal 23
69	No Endurezcan el Corazón/Sal 95
65	Oh Señor, Tú Eres Dios/Sal 63
80	Óyenos, Señor/Sal 130
60	Te Ensalzaré, Señor/Sal 30
81	Tu Recuerdo, Señor/Sal 137
72	Yo Cantaré al Señor/Sal 104

Salvación Salvation

107	Acuérdate de Jesucristo
82	Con Mi Corazón/Sal 138
58	El Señor Es Mi Luz/Sal 27
68	Muéstranos, Señor/Sal 85
41	Oh Cruz Fiel y Venerable
31	Perdón, Oh Dios Mío (Lojewski)
30	Perdón, Oh Dios Mío (tradicional)
162	Qué Bueno Es Mi Señor
100	Sublime Gracia del Señor
135	Una Mirada de Fe
5	Ven, Salvador (Deiss)
4	Ven, Salvador (EL DIOS DE PAZ)
175	Ven y Sálvanos
146	Vine Para Que Tengan
160	Yo Tengo un Gozo en Mi Alma

Segunda Venida Second Coming

155	Arriba los Corazones
120	He Aquí la Morada de Dios
122	Hija de Sión
177	Jerusalén
2	¡Marana Tha!
8	Te Esperamos, Oh Señor
5	Ven, Salvador (Deiss)
4	Ven, Salvador (EL DIOS DE PAZ)
6	Ven, Señor (Rubalcava)
178	Venga Tu Reino
96	Yo Soy el Pan de Vida

Semana Santa Holy Week

37	A Ti, Jesús, Honor y Gloria
129	Alzad la Cruz
38	Canta Lengua Jubilosa/Pange, Lingua
108	Cristo, Recuérdame
177	Jerusalén
34	Madre Llena de Aflicción
42	Mirad la Cruz
39	Nos Congregamos Junto a la Mesa
41	Oh Cruz Fiel y Venerable
40	Venid, Oh Cristianos

Servicio Service
— Véase/See **Discipulado** —

Súplica Petition

1	Ábranse los Cielos
77	El Auxilio Me Viene del Señor/Sal 121
189	¡Oh Jesús! ¡Oh Buen Pastor!
199	Oh Santísima
80	Óyenos, Señor/Sal 130
175	Ven y Sálvanos

Testigo *Witness*
133 Bendigamos al Señor
128 Digo Sí, Señor
162 Qué Bueno Es Mi Señor
130 Quiero Servirte, Mi Señor
135 Una Mirada de Fe

Trinidad *Trinity*
73 Alabar, Siervos de Dios/Sal 113
170 Cantad, Naciones, al Señor
172 Elevamos Nuestros Cantos
120 He Aquí la Morada de Dios
159 Ofertorio Nicaragüense
119 Santísima Trinidad
118 Tú Eres Bendito
134 Un Solo Señor *(Deiss)*

Unidad *Unity*
133 Bendigamos al Señor
136 Eres el Camino
144 Himno a la Alegría
162 Qué Bueno Es Mi Señor
176 Siempre Unidos
124 Somos el Pueblo de Dios/
     We Are the People of God
179 Te Den Gracias
134 Un Solo Señor *(Deiss)*

Viacrucis *Way of the Cross*
34 Madre Llena de Aflicción
42 Mirad la Cruz
41 Oh Cruz Fiel y Venerable
31 Perdón, Oh Dios Mío *(Lojewski)*
30 Perdón, Oh Dios Mío *(tradicional)*
36 Perdona a Tu Pueblo
40 Venid, Oh Cristianos

Viernes Santo *Good Friday*
108 Cristo, Recuérdame
42 Mirad la Cruz
41 Oh Cruz Fiel y Venerable
40 Venid, Oh Cristianos

Virgen María *Virgin Mary*
206 Adiós, Oh Virgen de Guadalupe
197 Adiós, Reina del Cielo
63 Atiéndeme, Hija/Sal 45
196 Ave de Lourdes
201 Buenos Días, Paloma Blanca
89 Canto de María
172 Elevamos Nuestros Cantos
193 Himno a la Virgen de la Providencia
204 Las Apariciones Guadalupanas
203 Las Mañanitas Guadalupanas
205 Las Mañanitas Tapatías
183 Las Mañanitas *(tradicional)*
34 Madre Llena de Aflicción
208 Mi Virgen Ranchera
198 Oh María, Madre Mía
199 Oh Santísima
202 Oh Virgen de Guadalupe
207 Sol de este Pueblo
200 Te Saludamos, Virgen María
195 Venid y Vamos Todos

Vocación *Vocation*
121 Pueblo de Reyes
130 Quiero Servirte, Mi Señor
124 Somos el Pueblo de Dios/
     We Are the People of God

277 Música para la Misa

Service Music for the Mass

Misas Completas *Mass Settings*
226 La Misa Ranchera *(Pedro Rubalcava)*
233 Misa Caribeña *(Diego Correa/
     Damaris Thillet)*
211 Misa de Santa María del Lago
     (Steven R. Janco)
237 Misa Gloria al Señor *(Lucien Deiss)*
218 Misa Luna *(Peter M. Kolar)*
253 Misa Mariachi *(adapt. Peter M. Kolar)*
244 Misa Querubines *(Peter M. Kolar)*

Misas con Niños *Masses with Children*
244 *Misa Querubines (Kolar)*

Rito de Aspersión *Sprinkling Rite*
258 Fuente de Agua Viva *(Rubalcava)*
257 Vi Que Manaba Agua *(Marchionda)*

Señor, Ten Piedad *Lord, Have Mercy*
211 Misa de Santa María del Lago *(Janco)*
237 Misa Gloria al Señor *(Deiss)*
218 Misa Luna *(Kolar)*
259 Panamericana

Gloria *Glory to God*
262 *Gloria a Dios (Correa/Thillet)*
226 *La Misa Ranchera (Rubalcava)*
212 *Misa de Santa María del Lago (Janco)*
219 *Misa Luna (Kolar)*
260 Panamericana
261 Gloria al Señor *(Popular)*

Aclamación del Evangelio
Gospel Acclamation

263 Ale, Ale, Ale (Halle, Halle, Halle)
238 Aleluya, Grandes, Maravillosas
(Deiss)
264 Aleluya, Cristo Resucitó
(Correa/Thillet)
48 Aleluya, el Señor Resucitó
148 Busca Primero
265 Canto Gregoriano
227 La Misa Ranchera (Rubalcava)
233 Misa Caribeña (Correa/Thillet)
213 Misa de Santa María del Lago (Janco)
220 Misa Luna (Kolar)
266 Aleluya Popular

Aclamación Cuaresmal del Evangelio
Lenten Gospel Acclamation

173 Alabanzas y Honor
239 Gloria, Honor a Ti (Deiss)
228 La Misa Ranchera (Rubalcava)

Plegaria Universal
General Intercessions

270 Intercesiones Generales (Deiss)
267 Óyenos, Señor (Rubalcava)
271 Señor, Escucha Nuestra Oración
(Rubalcava)
269 Te Rogamos, Óyenos/
Lord, Hear Our Prayer (Kolar)
268 Trilingual Intercessions (Hay)

Santo *Holy, Holy, Holy*

229 La Misa Ranchera (Rubalcava)
253 Mariachi
234 Misa Caribeña (Correa/Thillet)
214 Misa de Santa María del Lago (Janco)
240 Misa Gloria al Señor (Deiss)
221 Misa Luna (Kolar)
246 Misa Querubines (Kolar)
272 Santo (Kolar)

Aclamación Memorial
Memorial Acclamation

230 Anunciamos tu muerte –
La Misa Ranchera (Rubalcava)
215 Anunciamos tu muerte – Misa de
Santa María del Lago (Janco)
241 Anunciamos tu muerte –
Misa Gloria al Señor (Deiss)
249 Anunciamos tu muerte –
Misa Querubines (Kolar)
235 Cristo ha muerto –
Misa Caribeña (Correa/Thillet)
222 Cristo ha muerto – Misa Luna (Kolar)
254 Por tu cruz y tu resurrección –
Misa Mariachi (adapt. Kolar)
248 Señor Jesús, tú te entregaste –
Misa Querubines (Kolar)

Gran Amén *Great Amen*

231 La Misa Ranchera (Rubalcava)
236 Misa Caribeña (Correa/Thillet)
216 Misa de Santa María del Lago (Janco)
242 Misa Gloria al Señor (Deiss)
223 Misa Luna (Kolar)
255 Misa Mariachi (adapt. Kolar)
251 Misa Querubines (Kolar)

El Padre Nuestro *Lord's Prayer*

224 Misa Luna (Kolar)
273 Padre Nuestro (Centeno)

Cordero de Dios *Lamb of God*

274 Cordero de Dios/Lamb of God
(Valverde)
232 La Misa Ranchera (Rubalcava)
256 Mariachi
217 Misa de Santa María del Lago (Janco)
243 Misa Gloria al Señor (Deiss)
225 Misa Luna (Kolar)
252 Misa Querubines (Kolar)

93 A los Hombres Amó Dios
186 A Tan Alto Sacramento
37 A Ti, Jesús, Honor y Gloria *(Soler)*
1 Ábranse los Cielos
83 Abres Tú la Mano/Sal 145
   (Pérez-Rudisill)
157 Acudamos Jubilosos
107 Acuérdate de Jesucristo
   (Keep in Mind)
206 Adiós, Oh Virgen de Guadalupe
197 Adiós, Reina del Cielo
97 Al Partir el Pan *(Rubalcava)*
187 Alabado Sea el Santísimo
   Sacramento
59 Alabado Sea el Señor/Sal 29
   (Florián)
173 Alabanzas y Honor *(Florián)*
· 73 Alabar, Siervos de Dios/Sal 113
   (Deiss)
165 Alabemos a Dios *(Cortés)*
85 Alaben Todos/Sal 148 *(Rubalcava)*
23 Alégrense, Cielos y Tierra *(Lara)*
9 Alegría, Alegría, Alegría
166 Aleluya, Cantemos al Señor
   (Rosas)
48 Aleluya, el Señor Resucitó
111 ¡Aleluya! Grandes, Maravillosas
   (Deiss)
98 Altísimo Señor
129 Alzad la Cruz
   (Lift High the Cross)
99 Amante Jesús Mío
106 Amar (Es Entregarse)
104 Amémonos de Corazón
141 Amor, Amor
191 Ante Ti Me Postro
155 Arriba los Corazones
63 Atiéndeme, Hija/Sal 45 *(Warner)*
29 Attende, Domine
196 Ave de Lourdes
   (Immaculate Mary)

84 Bendeciremos Por Siempre/
   Sal 145 *(Rubalcava)*
133 Bendigamos al Señor
190 Bendito, Bendito
92 Bendito Seas Tú, Señor
   (Stevens-Arroyo)
201 Buenos Días, Paloma Blanca
148 Busca Primero (Seek Ye First)

149 Caminando Juntos
95 Canción del Cuerpo de Cristo
   (Song of the Body of Christ)
167 Canta, Jíbarito (Muñoz)
38 Canta Lengua Jubilosa/
   Pange, Lingua
164 Cantad al Señor
   (O Sing to the Lord)
170 Cantad, Naciones, al Señor
114 Cantemos al Amor de los Amores
166 Cantemos al Señor *(Rosas)*
169 Canten a Dios con Alegría
   (Correa/Thillet)
86 Cántico de Zacarías *(Toolan)*
89 Canto de María *(Rubalcava)*
4 Cielos lloved vuestra justicia
105 Como Brotes de Olivo *(Deiss)*
62 Como Busca la Cierva/Sal 42
   (Florián)
91 Con el Agua, Con el Espíritu
   (Florián)
127 Con la Cruz *(Rubalcava)*
82 Con Mi Corazón/Sal 138 *(Florián)*
51 Cristo Jesús Resucitó
   (LASST UNS ERFREUEN)
43 Cristo Jesús Resucitó
   (O FILII ET FILIAE)
108 Cristo, Recuérdame
   (Jesus, Remember Me)
115 ¡Cristo Vence!

102 Danos, Señor, un corazón nuevo
181 De Colores
27 Del Oriente Somos
   (We Three Kings)
76 Den Gracias al Señor/Sal 118
   (Cortés)
204 Desde el Cielo
88 Despunta el Alba
   (Morning Has Broken)
78 Dichoso El Que Teme/Sal 128
   (Contreraz)
79 Dichosos Los Que Temen a Dios/
   Sal 128 *(Rubalcava)*
128 Digo Sí, Señor *(Peña)*
188 Dios Mío, Acércate de Mí
47 Dios Reina *(Deiss)*
140 Donde Hay Caridad y Amor
   (Aranda)

77	El Auxilio Me Viene del Señor/
	Sal 121 *(Contreraz)*
74	El Cáliz de la Bendición/Sal 116
	(Florián)
161	El Fuego Cae, Cae
70	El Señor Es Compasivo/Sal 103
	(Kolar)
58	El Señor Es Mi Luz/Sal 27
	(Rubalcava)
55	El Señor Es Mi Pastor/Sal 23
	(Florián)
54	El Señor Es Mi Pastor/Sal 23
	(Rubalcava)
52	El Señor Resucitó
	(Jesus Christ Is Risen Today)
45	El Señor Resucitó *(tradicional)*
171	Él Vive, Él Reina *(Correa/Thillet)*
172	Elevamos Nuestros Cantos *(Rubio)*
151	En la Paz de Cristo *(Soler)*
110	Entre Tus Manos *(Repp)*
7	Entren, Santos Peregrinos
71	Envía Tu Espíritu/Sal 104 *(Florián)*
150	Eran Cien Ovejas *(Deiss)*
136	Eres el Camino *(Daigle)*
56	Eres Mi Pastor/Sal 23
93	Es mi cuerpo, tomad y comed
29	Escúchanos, Señor/
	Attende Domine
75	Éste Es el Día/Sal 118 *(Rubalcava)*
53	Éste Es el Día *(Rosas)*
44	Éste Es el Día *(tradicional)*
67	¡Felicidad!/Sal 84 *(De Zayas)*
182	Feliz Quinceañera *(Garcés)*
258	Fuente de Agua Viva *(Rubalcava)*
33	Fuente Eres Tú *(Soler)*
142	Gloria, Aleluya
116	Gloria, Honor a Ti *(Deiss)*
12	Gloria in Excelsis Deo *(Berthier)*
180	Gracias
143	Guarda Mi Alma *(Deiss)*
61	Gusten y Vean/Sal 34 *(Rubalcava)*
9	Hacia Belén se encaminan
120	He Aquí la Morada de Dios *(Deiss)*
192	Henos Aquí *(Lojewski)*
122	Hija de Sión *(Deiss)*
144	Himno a la Alegría (HYMN TO JOY)
193	Himno a la Virgen
	de la Providencia
20	Hoy a la Tierra
	(Angels We Have Heard)
153	Hoy Nos Reunimos *(Rubalcava)*
96	I am the bread of life
128	I say yes, my Lord
177	Jerusalén
90	Junto a Ti
102	La Alianza Nueva *(Deiss)*
46	La Ruda Lucha Terminó
21	La Virgen y San José *(Florián)*
204	Las Apariciones Guadalupanas/
	Desde el Cielo
203	Las Mañanitas Guadalupanas
205	Las Mañanitas Tapatías
183	Las Mañanitas
	(para Celebraciones)
145	Los Caminos
25	Los Magos Que Llegaron a Belén
22	Los Peces en el Río
34	Madre Llena de Aflicción
2	¡Marana Tha! *(Deiss)*
66	Mi Alma Tiene Sed/Sal 63
	(Rubalcava)
208	Mi Virgen Ranchera *(Monge)*
42	Mirad la Cruz *(Soler)*
64	Misericordia, Señor/Sal 51
	(Florián)
68	Muéstranos, Señor/Sal 85
	(Rubalcava)
57	Nada Me Falta/Sal 23 *(Peña)*
69	No Endurezcan el Corazón/Sal 95
	(Cortés)
10	Noche de Paz (Silent Night)
39	Nos Congregamos Junto a la Mesa
	(Soler)
49	Nuestra Pascua *(Deiss)*
11	Nunca Suenan las Campanas
185	O Salutaris Hostia
159	Ofertorio Nicaragüense
158	Ofertorio (Todo Lo Que Tengo)
184	¡Oh Buen Jesús!
112	Oh Criaturas del Señor
41	Oh Cruz Fiel y Venerable (PICARDY)
189	¡Oh Jesús! ¡Oh Buen Pastor!
198	Oh María, Madre Mía
16	Oh, Pueblecito de Belén
	(O Little Town of Bethlehem)
199	Oh Santísima (O Sanctissima)
65	Oh Señor, Tú Eres Dios/Sal 63
	(Deiss)
3	¡Oh Ven! ¡Oh Ven, Emanuel!
185	¡Oh Víctima de Salvación!

202	Oh Virgen de Guadalupe
131	Oye el Llamado
80	Óyenos, Señor/Sal 130 *(Rubalcava)*
38	Pange, Lingua, Gloriosi
7	Para Pedir Posadas
19	Pastorcitos del Monte, Venid
13	Pastores, a Belén
18	Paz en la Tierra (Joy to the World)
32	Pequé, Pequé, Dios Mío
31	Perdón, Oh Dios Mío *(Lojewski)*
30	Perdón, Oh Dios Mío *(tradicional)*
36	Perdona a Tu Pueblo
89	Proclama mi alma
174	Profetiza *(Zárate-Macías)*
121	Pueblo de Reyes *(Deiss)*
123	Pueblo Libre
137	Pues Si Vivimos/ When We Are Living
162	Qué Bueno Es Mi Señor
163	Qué Grande Es Mi Dios
109	Que los Ángeles Te Lleven *(Cortés)*
28	¿Qué Niño Es Éste? (What Child Is This)
87	Quiero Cantar *(Deiss)*
130	Quiero Servirte, Mi Señor *(Florián)*
119	Santísima Trinidad *(Florián)*
113	Santo, Santo, Santo (NICAEA)
168	Señor, Mi Dios (How Great Thou Art)
94	Señor, Tú Eres el Pan
35	Señor, Tu Gran Misericordia *(Soler)*
50	Señor, Tú Has Vencido a la Muerte *(Deiss)*
152	Señor, Tu Paz *(Soler)*
101	Sí, Me Levantaré *(Deiss)*
139	Si Yo No Tengo Amor
176	Siempre Unidos *(Valverde)*
207	Sol de este Pueblo *(Chávez)*
124	Somos el Pueblo de Dios *(Gutiérrez)*
157	Somos pueblo que camina
100	Sublime Gracia del Señor (Amazing Grace)
186	Tantum Ergo Sacramentum
61	Taste and see
179	Te Den Gracias
60	Te Ensalzaré, Señor/Sal 30 *(Florián)*

8	Te Esperamos, Oh Señor *(Soler)*
159	Te ofrecemos, Padre nuestro
200	Te Saludamos, Virgen María *(Deiss)*
147	Tesoros Ocultos *(Revering)*
70	The Lord is rich in kindness
158	Todo lo que tengo
132	Tomado de la Mano
147	Treasures Out of Darkness *(Revering)*
140	Trilingual Ubi Caritas *(Aranda)*
118	Tú Eres Bendito *(Deiss)*
81	Tu Recuerdo, Señor/Sal 137 *(Rubalcava)*
194	¡Tú Reinarás!
126	Un Mandamiento Nuevo *(De Zayas)*
125	Un Mandamiento Nuevo *(tradicional)*
134	Un Solo Señor *(Deiss)*
138	Un Solo Señor *(Rubalcava)*
135	Una Mirada de Fe
156	Vamos a la Casa del Señor *(Valverde)*
17	Vamos, Pastorcillos
14	Vamos, Pastores, Vamos
15	Vamos Todos a Belén
103	Vaso Nuevo
117	Ven, Oh Espíritu *(Florián)*
5	Ven, Salvador *(Deiss)*
4	Ven, Salvador (EL DIOS DE PAZ)
6	Ven, Señor *(Rubalcava)*
175	Ven y Sálvanos
178	Venga Tu Reino *(Florián)*
40	Venid, Oh Cristianos
26	Venid, Pastorcillos
195	Venid y Vamos Todos
154	Venimos ante Ti *(Cortés)*
257	Vi Que Manaba Agua *(Marchionda)*
146	Vine Para Que Tengan *(Florián)*
136	Way, Truth and Life
124	We Are the People of God
24	Ya Viene la Vieja
72	Yo Cantaré al Señor/Sal 104 *(Deiss)*
96	Yo Soy el Pan de Vida *(Toolan)*
160	Yo Tengo un Gozo en Mi Alma